Wolfgang Häde

Das Lamm und die Schafe

Wolfgang Häde

Das Lamm und die Schafe

Leidende Nachfolger des leidenden Christus

Verlag für Kultur und Wissenschaft
Culture and Science Publ.
Dr. Thomas Schirrmacher
Bonn 2022

Bibliografische Information der Deutschen Nationalbibliothek

Die Deutsche Nationalbibliothek verzeichnet diese Publikation in der Deutschen Nationalbibliografie; detaillierte bibliografische Daten sind im Internet über http://dnb.d-nb.de abrufbar.

Bibliographic information published by the Deutsche Nationalbibliothek

The Deutsche Nationalbibliothek lists this publication in the Deutsche Nationalbibliografie; detailed bibliographic data are available in the Internet at http://dnb.d-nb.de

2. erweiterte und korrigierte Auflage
© Copyright 2020 by
Verlag für Kultur und Wissenschaft
(Culture and Science Publ.)
Prof. Dr. Thomas Schirrmacher
Friedrichstraße 38, D-53111 Bonn
Fax +49 / 228 / 9650389
www.vkwonline.com / info@vkwonline.com

ISBN 978-3-86269-202-6

Bibelzitate werden, wenn nicht anders vermerkt, aus der Luther-Übersetzung von 1984 (mit neuer deutscher Rechtschreibung) entnommen.

Covermotiv: Agnus Dei (Das Lamm Gottes), Francisco de Zurbarán, San Diego Museum of Art, San Diego, Kalifornien, USA

Printed in Germany
Umschlaggestaltung:
Samuel Pross, die kreatur, www.diekreatur.com
Gesamtherstellung:
CPI Books / www.cpi-print.de

Verlagsauslieferung und Gesamtverzeichnis für den Buchhandel:
www.vkwonline.com
Privatkunden: in jeder Buchhandlung oder unter www.vkwonline.com

Inhaltsverzeichnis

Vorwort

Von MANFRED MÜLLER

Christen sind Zeugen! Sie sind Zeugen der Sache Jesu. Christen sind nicht zuerst berufen, „nett" zu sein und von allen gemocht zu werden, sondern Christen sind berufen, die Sache Jesu zu vertreten – koste es, was es wolle.

Das Skript, dem Christen dabei folgen, suchen sie sich nicht selbst aus, es ist ihnen vorgegeben – in Gottes ewigem Wort, der Bibel. Die Bibel deckt die Not der Welt schonungslos auf. Die Not, dass Sünde in Zeit und Ewigkeit von Gott trennt. Aus Liebe hat Gott seinen Sohn in diese Welt gesandt und am Kreuz hat Jesus die einzige Vergebungsmöglichkeit geschaffen. Verlorenheit der Welt und Gottes Rettungsangebot, davon haben wir als Nachfolger Jesu zu reden – koste es, was es wolle.

Es kostet viel und überfordert uns. Darum hat Jesus uns zusammen mit dem Auftrag eine Verheißung gegeben: *„Ihr werdet die Kraft des Heiligen Geistes empfangen, der auf euch kommen wird, und werdet meine Zeugen sein."* (Apostelgeschichte 1,8). Ihr werdet es sein! Jesus selbst sorgt dafür.

Wolfgang Häde fragt in *Das Lamm und die Schafe* provozierend, aber gleichzeitig einfühlsam, inwieweit Christen auch im Gegenwind bezeugen, dass es Sünde gibt – die ewig von Gott trennt. *Das Lamm und die Schafe* macht deutlich, wozu wir berufen sind: zu einem Leben gegen den Strom, gegen den Zeitgeist, gegen den Mainstream. Gemeinde Jesu ist Kontrastgesellschaft in der Welt.

Das bringt Unannehmlichkeiten mit sich, Probleme und sogar Verfolgung. So erleben es die Christen in den Ländern der Märtyrer. Hier helfen wir als „Hilfsaktion Märtyrerkirche" und unterstützen und ermutigen unsere Glaubensgeschwister. Aber wir sind gleichzeitig die Lernenden: So haben auch wir zu leben, hier in unserem Land. Wir stehen für eindeutige Jesusnachfolge mitten in unserem Land mit seinen ganz anderen Herausforderungen. Angst prägt viele Menschen; aber Gottesfurcht gilt kaum als ein Wert.

Dabei ist Gottesfurcht der Anfang aller Weisheit. Und Gottesfurcht befreit uns von anderen Ängsten. Wer möchte nicht gerne als weise gelten? Wer Gott ernst nimmt, der ist wirklich weise; denn er achtet den Gott, der alles, wirklich alles in Seiner Hand hält und alles, wirklich alles so führt, dass es nur noch seinem Ratschluss dienen muss – so dass durch alles Chaos dieser Zeit hindurch doch letztlich Gottes guter Heilsplan zu seinem Ziel kommen muss.

Wolfgang Häde stellt das in seinem Buch ganz klar heraus und lädt dazu ein, gegen den Strom zu schwimmen, in Gottes Wort dazu neu Orientierung zu finden und so weise zu werden. Dazu gebe Gott bei der Lektüre seinen Segen.

Manfred Müller
Missionsleiter „Hilfsaktion Märtyrerkirche"

Warum dieses Buch?

Betrachtungen über christliches Leiden? Ich vermute, das ist nicht gerade ein Thema, das auf dem deutschen christlichen Büchermarkt reißenden Absatz findet. Dass ich ausgerechnet über Leiden schreibe, ist zu erklären mit einigen ganz persönlichen Erlebnissen:

Seit dem Jahr 2001 habe ich mit meiner türkischstämmigen Frau Janet und unserer Tochter Debora in der Türkei gelebt. Seitdem versuchen wir, unsere Gaben im Rahmen der kleinen evangelisch-türkischen Gemeinden des Landes einzubringen. Der Zusammenhang von Christsein und Leiden ist in der Türkei viel offensichtlicher als in westlichen Ländern. Missionare und auch einheimische Christen werden verdächtigt, in Zusammenarbeit mit ausländischen Geheimdiensten zur Destabilisierung des Landes beizutragen. Muslime, die (oft nach langer ernsthafter Suche) in Jesus Christus die Wahrheit finden, haben mit empörten Reaktionen von Familienmitgliedern und Freunden zu rechnen. Der Abfall vom Islam wird selbst in sonst recht liberal denkenden Familien als Verrat am Vaterland interpretiert.

Im April des Jahres 2007 wurden wir mit einer in Deutschland sehr seltenen Form des christlichen Leidens konfrontiert. Drei Christen wurden in der osttürkischen Stadt Malatya brutal ermordet: die Türken Necati Aydın und Uğur Yüksel sowie der Deutsche Tilmann Geske. Necati war der Ehemann der Schwester meiner Frau Janet. Fünf junge Männer hatten sich unter dem Vorwand, sich für den christlichen Glauben zu interessieren, mit den Christen getroffen, sie dann gefoltert und schließlich ihre Halsschlagadern durchgeschnitten. Die ausdrückliche Begründung für dieses Massaker war die Tatsache, dass die zwei Türken und der Deutsche in der Türkei missionarisch tätig waren.

Wenig später erfuhren wir von der türkischen Polizei: Die Mörder hatten ausgesagt, dass sie eigentlich auch mich hätten töten wollen. Für rund ein Jahr bekam ich daraufhin einen türkischen Polizisten in Zivil als Personenschützer. Kurze Zeit später schrieb ich über Necatis Leben und die Ereignisse von Malatya das Buch „Mein Schwager – ein Märtyrer: Die Geschichte des türkischen Christen Necati Aydın" (2009, Neufeld-Verlag Schwarzenfeld).

Wir waren also ganz real mit christlichem Märtyrertum konfrontiert worden. Die Auseinandersetzung mit dieser Frage beschäftigte uns einige Jahre sehr intensiv. Eine Hilfe zur geistlichen Verarbeitung unseres Schmerzes war eine besondere Fügung Gottes: Als die Christen in Malatya ermordet wurden, war ich gerade mit der Übersetzung eines Buches aus dem Englischen ins Deutsche befasst: „Im Schatten des Kreuzes. Verfolgung und Christusnachfolge: Eine biblische Theologie", geschrieben von dem kanadischen Christen Glenn M. Penner. Das Buch wurde später im SCM/R. Brockhaus-Verlag veröffentlicht. Penner untersucht darin buchstäblich von 1. Mose bis Offenbarung die biblischen Aussagen über das Leiden, besonders über das Leiden um des Glaubens willen.

Ich war also tiefgehend mit den biblischen Gedankengängen über Leiden um Christi willen beschäftigt, als ich ganz greifbar mit dieser Wirklichkeit konfrontiert wurde. Ich merkte: Was die Bibel über Leiden sagt, stimmt mit der Wirklichkeit unserer Welt überein. Gute biblische Theologie ist eine ungeheure Hilfe zur Bewältigung des Leidens. Die biblischen Aussagen über die Verfolgung von Christen nahmen natürlich die Trauer über unsere ermordeten Brüder nicht einfach weg. Wir litten, wir durchlebten Krisen; aber das Buch half mir, die schlimmen Ereignisse in die höhere Wirklichkeit Gottes einzuordnen. Die Frage: „Wie kann Gott so etwas zulassen?" kam bei mir nicht auf.

In den folgenden Jahren hatte ich recht oft Gelegenheit, in christlichen Gemeinden in Deutschland und anderen westlichen Ländern über meine Erfahrungen mit Christenverfolgung zu berichten. Weil ich nicht nur eine „Märtyrerheldengeschichte" erzählen wollte, begann ich, mit dem Bericht über die schrecklichen Ereignisse auch Lehre über christliches Leiden zu verbinden. Ich war selbst überrascht, wie Christen von verschiedenem gemeindlichem Hintergrund von diesem Thema angesprochen und für ihr persönliches Christsein ermutigt wurden. Oft erzählten mir Einzelne nach den Vorträgen oder Predigten, dass sie vorher noch selten ausdrücklich biblische Lehre über Verfolgung gehört hätten und dass ihnen meine Worte eine neue Perspektive eröffnet hätten.

Im Laufe der Jahre fielen mir immer wieder neue biblische Bezüge zum Leiden um Christi willen auf und ich versuchte, sie in Predigten weiterzugeben. Das vorliegende Buch ist nicht eine Sammlung ganzer Predigten, vielmehr eine Zusammenstellung verschiedener Blickwinkel auf das eine Thema: Was sagt Gott in Seinem Wort über das Leiden der Christen um Christi willen?

Neben dem erwähnten Buch von Glenn Penner halfen mir bei meinen Gedanken Daniel Hoef mit seiner Seminararbeit über das Buch der Offenbarung, meine Schwägerin Şemse mit ihren pointierten und kompromisslosen Ansichten über das Wesen des Martyriums, Hasan, ein türkischer Bruder, den ich weiter unten erwähnen werde, und der Prophet Daniel, der dem babylonischen Reich diente, es aber ablehnte, seine Götter zu verehren.

Ich habe mich dafür entschieden, meine angesammelten Überlegungen zu diesem Thema nicht unter Abwägung möglicher Auslegungen zu verschiedenen Bibelworten weiterzugeben. Das würde dem Umfang dieses Büchleins und dem predigtartigen Stil nicht entsprechen. Wenn Sie aber zu der einen oder anderen meiner Aussagen biblisch begründet anderer Meinung sind, bin ich gerne zu einem Gespräch darüber bereit. Das geht am besten über meine E-Mail-Adresse: meinschwager@gmail.com. Ich freue mich auch, auf diesem Weg über Ihre eigenen Erfahrungen mit Leiden und mit dem guten Willen Gottes zu hören. IHM sei die Ehre!

Wörtlich nehmen!

Als Christen im Westen haben wir uns daran gewöhnt, schwierige Bibelstellen so abzumildern oder anzupassen, dass sie in unsere Lebenswirklichkeit hineinpassen. Das gilt besonders auch für Verse, die von Leiden um Jesu willen handeln: Weil wir diese Art von Leiden nur recht selten und in eher schwachen Ausprägungen erleben, tun wir uns bei manchen Aussagen Jesu schwer damit, sie genauso zu nehmen, wie sie dastehen.

Ein bekannter Vers, den wir abgemildert haben, ist die Aufforderung unseres Herrn: *„Wer nicht sein Kreuz auf sich nimmt und folgt mir nach, der ist meiner nicht wert"* (Matthäus 10,38). „Das Kreuz tragen" – das wird bezogen auf kleine und größere Leiden, die wir kennen: Ärger mit den Kindern, Verlust der Arbeitsstelle, gesundheitliche Nöte. Und diese Auslegung ist nicht falsch. Natürlich sollen wir alle großen und kleinen Nöte unseres menschlichen Lebens tragen im Vertrauen auf Jesus.

Leicht übersehen wir aber, dass Jesus und Seine Jünger bei dieser Aussage etwas sehr Konkretes vor Augen hatten: Menschen, die „ihr Kreuz auf sich nehmen", waren jedem Einwohner von Jerusalem bekannt. Wer so den Querbalken seines eigenen Kreuzes trug, ging aus der Stadt hinaus zur Hinrichtung durch die römische Besatzungsmacht. Jeder, der damals Jesu Worte hörte, musste an einen gewaltsamen, grausamen Tod denken, nicht nur an irgendwelche alltäglichen Formen des Leidens.

Wen hatte denn Jesus vor sich, als Er vom Kreuz redete? Da standen Seine zwölf Jünger vor ihm, und Er kannte ihre Zukunft. Er wusste, dass zehn dieser jungen Männer (so jedenfalls überliefert es uns die Kirchengeschichte) später für ihren Herrn gewaltsam ums Leben kommen würden. Was Jesus diesen Männern aus Galiläa sagt, ist also eine Vorbereitung auf den buchstäblichen Märtyrertod, eine „Grundausbildung" für Märtyrer.

Also noch einmal: Lassen wir doch die Worte Jesu in ihrer ganzen wörtlichen Schärfe und Unbequemlichkeit auf uns wirken. Auch heute gibt es geistliche Brüder und Schwestern, die sich für Jesus und Seine Botschaft in vollem Bewusstsein in Todesgefahr begeben. Sind auch wir bereit, für Ihn das Kreuz zu tragen?

Das Lamm und die Schafe

Jesus sitzt als geistlicher Lehrer vor Seinen Jüngern, vor den jungen Männern, die sich Ihm auf Gedeih und Verderb ausgeliefert haben, mit Ihm von Dorf zu Dorf und Kleinstadt zu Kleinstadt ziehen und voller Erwartung auf Seine Anweisungen warten.

Gerade hat Er ihnen erklärt, dass sie losgehen sollen, um zu predigen, zu heilen, böse Geister auszutreiben – also Wunder zu tun – und das in Seinem Namen, mit einer solchen Vollmacht, dass das, was sie sagen, die Worte ihres Meisters sein sollen.

Und dann plötzlich der Schock, der Schlag ins Gesicht: *„Ich sende euch wie Schafe mitten unter die Wölfe."* (Matthäus 10,16). Manche, die schon länger Christen sind, sind allzu sehr an diese Worte gewöhnt; aber eigentlich ist die Aussage Jesu doch brutal. „Gazellen unter Löwen", „Elche unter Bären" – die können wenigsten weglaufen oder sich eventuell als Herde gemeinsam verteidigen. Aber „Schafe unter Wölfen"? Da hat das Schaf doch keinerlei Chance. Das ist ein Selbstmordkommando! Wo ist da die Verantwortung Jesu für Leib und Leben Seiner Mitarbeiter?

„Wie Schafe mitten unter die Wölfe". Ja, das ist tatsächlich grausam, unerhört, schockierend. Wieder sollten wir der ganzen wörtlichen Härte nicht ausweichen und diese Tatsache erstmal in uns sacken lassen. Was Jesus fordert ist kein evangelistischer Einsatz als „Event", der möglichst auch noch viel Spaß machen soll. Er schildert Mission als hoch gefährlich. Ist es nicht fahrlässig, wie Jesus mit Seinen Jüngern umgeht?

Nein, Jesus hat das Recht dazu, Seine Jünger als Schafe auszusenden, weil Er selbst als „Lamm zur Schlachtbank" ging. „*Das Lamm, das geschlachtet ist*" (Offenbarung 5,12), ist würdig, einen ähnlichen Lebensweg von uns zu verlangen. Jesus kann von uns fordern, uns für Seine Sache in Situationen zu begeben, die uns viel Schmerz bereiten können – nicht aus Abenteuerlust, sondern aus Liebe und aus Gehorsam zu Ihm. Wir gehen dann zwar los wie wehrlose Schafe, aber können uns der Nähe und des Beistandes des Geistes Gottes gewiss sein (Matthäus 10,19-20).

Der leidende Messias und Sein leidendes Volk

Jesus hat gelitten und ist gestorben, um uns zu erlösen. Darin sind sich Menschen, die Jesus ernst nehmen, einig. Manchmal wird jedoch der Eindruck erweckt, Jesus habe dafür gelitten, alles Leiden schon in diesem Leben von uns fernzuhalten. Als Begründung wird dann auf den Propheten Jesaja verwiesen. Er hatte schon rund 700 Jahre vor der Geburt Jesu gesehen, dass der „Knecht Jahwes" stellvertretend für uns leiden werde. Der Prophet sagt voraus: *„Er trug unsre Krankheit und lud auf sich unsre Schmerzen"* (Jesaja 53,4). Wenn Jesus unsere Leiden trug, so wird gefolgert, brauchen wir sie nicht mehr selbst zu tragen. Wenn wir im Glauben beten, dann wird Gott uns um Jesu willen von Leiden und Krankheiten verschonen.

Auf die Einzelheiten solcher Heilungserwartungen kann ich hier nicht eingehen. Ich weiß auch, dass der lebendige Christus immer wieder zeichenhaft eingreift und tatsächlich in Seinem Namen wunderbare Heilungen geschehen. Wenn wir uns aber die Gesamtheit der biblischen Aussagen ansehen, fällt uns ein ganz anderer Schwerpunkt auf. Nicht: „Jesus hat gelitten, damit wir nicht mehr leiden" – sondern: „Jesus hat gelitten, und wir leiden mit Ihm."

Ist nicht das gemeint, wenn wir von „Nachfolge" sprechen? Wir wollen Jesus nachfolgen, wohin auch immer Er geht. Wohin geht Jesus? Er geht durch Wunder, durch vollmächtiges Wirken, durch wirkungsvolle Predigt. Und wir folgen Ihm. Aber er geht auch durch extremes Leiden bis hin zum Tod am Kreuz. Wie können wir von „Nachfolge Jesu" reden, wenn wir gerade dorthin *nicht* mit Ihm gehen wollen, wo er das Ziel seines Dienstes sah, nämlich ans Kreuz?

Im Alten Testament wird bekanntlich das Kommen des Messias, also des von Gott gesalbten Erlösers, von den Propheten angekündigt. Einige dieser Propheten reden einmal über den Messias – und dann fast im gleichen Atemzug über das Volk des Messias. Jesaja redet über den „Knecht Jahwes". Damit ist manchmal das Volk Gottes gemeint, an anderen Stellen aber eindeutig ein einzelner „Knecht", der für das Volk leidet. Der Prophet Daniel beschreibt, wie Gott, der Vater, dem „Menschensohn", also dem kommenden Messias, die Autorität über die ganze Welt verleiht (Daniel 7,13-14). Aber gleich ein paar Verse weiter ist davon die Rede, dass „die Heiligen des Höchsten" – und damit sind die gemeint, die zum geistlichen Volk des Menschensohns gehören – „das Reich empfangen" werden (Daniel 7,18). Was mit dem Messias geschieht, geschieht auch mit Seinem Volk. Was für den Messias gilt, gilt auch für Sein Volk.

Im Neuen Testament sehen wir dann noch klarer die Identifizierung des Messias mit Seinem Volk. Jesus bezeichnet sich selbst als „Licht der Welt" (Johannes 8,12). Den gleichen Titel kann Er aber auch Seinen Jüngern zusprechen: „Ihr seid das Licht der Welt" (Matthäus 5,14). Paulus versteht die messianische Verheißung aus Jesaja 49,6, dass Jesus nicht nur für Israel gekommen sei, sondern zum „Licht der Heiden" gemacht worden sei, als Auftrag an sich selbst und Barnabas (Apostelgeschichte 13,47).

Diese Identifizierung von Jesus mit Seinem Volk wird ganz deutlich durch ein Bild des Neues Testament: Wir sind der „Leib Jesu" (besonders 1. Korinther 12). Was Jesus heute auf der Welt tut, das tut Er meist mittels Seines Heiligen Geistes durch uns.

Der leidende Messias und das leidende Volk: Jesus als der verheißene Retter und Sein Volk des neuen Bundes sind aus Gottes Sicht eine Einheit. Wie können wir da zu dem Trugschluss gelangen, dass Jesus zwar der leidende Gottesknecht ist, wir aber ein bequemes und möglichst leidloses Leben führen können?

Als Schaf ohne Bodyguard?

Ungefähr ein Jahr lang habe ich in der Türkei mit Bodyguard gelebt. Die jungen Männer, die in der osttürkischen Stadt Malatya drei Christen brutal ermordet hatten, gaben nach ihrer Festnahme bei der Polizei zu Protokoll, dass sie geplant hätten, auch „Pastor Wolfgang", also mich, umzubringen. Der türkische Zivilpolizist, der dann zu meinem Schutz mit mir ein- und ausging, ich nenne ihn mal „Mustafa", war zum Glück ein angenehmer Mensch, mit dem ich viel Spaß hatte. Weil ich damals Pastor einer kleinen türkischen Gemeinde in der westtürkischen Stadt Izmit war, musste er sich zudem als mein Personenschützer auch eine ganze Reihe meiner Predigten anhören.

Aber Mustafa hatte stets eine Waffe dabei, egal ob wir zusammen im kleinen kirchlichen Gemeindehaus saßen, irgendwas in der Stadt erledigten oder gemeinsam mittags in einem günstigen Restaurant zum Essen gingen. Ich muss sagen, dass ich mich mit ihm auf der Straße und vor allem im Gemeindehaus wohler fühlte als ohne ihn. Seine Waffe und sein Auftrag, mich notfalls mit der Pistole zu verteidigen, vermittelten mir in der damals sehr angespannten Atmosphäre eine gewisse Sicherheit.

Manchmal kam mir allerdings seitdem die Frage: Sollte ich mich wirklich in meinem Dienst für Jesus auf den Schutz durch Waffen verlassen? Dürfen Schafe, die von Jesus mitten unter die Wölfe gesandt wurden, Bodyguards haben?

Gott hat der Obrigkeit eines Landes den Schutz unschuldiger Menschen aufgetragen. Ich habe diesen Schutz damals in Anspruch genommen, und habe mich gleichzeitig gefreut, dass Mustafa niemals seine Waffe für mich einsetzen musste. Aber stehen wir als Schafe Jesu nicht oft in der Gefahr, uns auf „Heer und Kraft" (Sacharja 4,6) zu verlassen statt auf „seinen Geist"?

Wenn ich lese, dass sich die deutsche oder auch die US-Regierung für verfolgte Christen einsetzt, dann bin ich dankbar dafür; aber kann durch diesen politischen Einsatz nicht bei vielen Türken das Vorurteil bestätigt werden, dass die Missionare (und letztlich alle Christen) die „Handlanger der Westmächte" sind? Wo greift da die von den alttestamentlichen Propheten oft wiederholte Warnung, sich nicht auf „Ägypten" oder auf „Assur" zu verlassen – also nicht stärker politischen Mächten zu vertrauen als dem Herrn selbst?

Als Missionare in Ländern, die als gefährlich gelten, rangiert oft unser Sicherheitsbedürfnis ziemlich hoch auf der Liste der Faktoren, die unser Leben bestimmen: Es werden Vorsichtsmaßnahmen aufgelistet. Missionsgesellschaften erstellen Evakuierungspläne für Notsituationen. Natürlich haben sie eine Verantwortung für das Wohl ihrer Mitarbeiter. Aber wo gehen wir zu weit in unserem Bedürfnis nach Sicherheit?

Christen in den ersten Jahrhunderten der Kirchengeschichte gingen nur selten als Reiche und Starke und Abgesicherte zu den Armen und Schwachen. Die Apostel als erste christliche Missionare waren Juden. Sie kamen aus einem Land unter römischer Besatzung. Soweit wir wissen, hatten sie keine großen finanziellen Mittel zu ihrer Verfügung, und erst recht standen weder die jüdischen Autoritäten noch die Macht des Römischen Kaiserreiches hinter ihnen. Sie gingen tatsächlich als „Schafe unter die Wölfe". Und gerade diese Mission von den Schwachen und Armen zu den eher Reicheren und Stärkeren war so erfolgreich. Wahrscheinlich war das so, weil gerade in dieser Schwachheit der Boten der Weg des Lammes Gottes authentisch wiedergespiegelt wurde.

Weltmission hat sich in den letzten Jahrzehnten revolutionär verändert. Heute kommen wieder Zeugen Jesu aus den ärmeren Ländern, aus Afrika, aus Südamerika, aus Asien zu uns ins immer noch recht reiche und mächtige Europa. Freuen wir uns darüber und seien wir selbst bereit, „Schafe ohne Bodyguard" zu sein!

Die Strategie des Lammes

Im Buch der Offenbarung wird Jesus in einer Vision dem Apostel Johannes so gezeigt: *„Es hat überwunden der Löwe aus dem Stamm Juda"* (Offenbarung 5:5). Er hat gesiegt! Das leuchtet ein: Löwen sind stark und gewinnen ihre Kämpfe in der Regel. Als Johannes jedoch seinen Blick erhebt, sieht er, anders als erwartet, kein zähnefletschendes Raubtier, sondern *„ein Lamm ... wie geschlachtet"* (Offenbarung 5,6).

Das ist Gottes verblüffende Strategie: Jesus, der starke Retter und König, siegt durch Schwachheit und im Unterliegen. Dieser Zusammenhang wird schon in den messianischen Verheißungen Jesajas deutlich: *„... weil seine Seele sich abgemüht hat, wird er das Licht schauen und die Fülle haben." „Darum will ich ihm die Vielen zur Beute geben, und er soll die Starken zum Raube haben, dafür dass er sein Leben in den Tod gegeben hat"* (Jesaja 53,11 und 53,12).

Jesus kommt, um aus der Macht Satans zu retten. Er selbst kennzeichnet die Strategie dieses Feindes durch zwei Methoden: Lüge und Mord (Johannes 8,44). Diese Strategie wird exemplarisch im Garten Eden deutlich: Durch die Lügen der Schlange werden die ersten Menschen in den geistlichen Tod getrieben (1. Mose 3). In Offenbarung 12 wird die auf Lüge und Mord gestützte Gewalt des Satans durch einen Drachen dargestellt.

Der Brutalität des Teufels stellt Gott in Jesus eine grundlegend andere Strategie entgegen. Der Sieger Jesus wird in der Offenbarung als Kind dargestellt (Offenbarung 12) oder eben als wehrloses Lamm. Dem Morden des Feindes stellt Gott die Bereitschaft Jesu zum Selbstopfer entgegen, der Lüge des Satans die Wahrheit, die durch Jesus verkörpert (Johannes 14,6) und durch Seine Boten verkündigt wird.

Sind wir bereit, in dieser Haltung Mission zu treiben? Entspricht unsere Strategie zur Verbreitung des Wortes Gottes der Strategie des Lammes? Oder lassen wir uns im geistlichen Kampf die Methoden des Gegners aufdrängen? Wenn wir uns in der evangelistischen Verkündigung auf „psychologische Tricks" einlassen oder auf die Wirksamkeit von Musik hoffen, um Menschen zu „überzeugen", entfernen wir uns dann nicht von der schlichten Waffe der Wahrheit Jesu? Jesus als das Lamm ist so attraktiv, dass heute weltweit Millionen Menschen gerade dort zu ihm kommen, wo sie sich dadurch offensichtlich in Gefahr begeben. Wir müssen nicht „nachhelfen".

Ich bin überzeugt, dass der Kampf Gottes nur mit der Strategie des Lammes authentisch ausgefochten werden kann. Der allmächtige Gott braucht heute opferbereite Boten mit keinen anderen Waffen als sich selbst hingebender Liebe und der Wahrheit.

Leidet Jesus weiter?

Paulus schreibt in Kolosser 1,24 etwas auf den ersten Blick eher Rätselhaftes an die Gemeinde in Kolossä: *„Nun freue ich mich in den Leiden, die ich für euch leide, und erfülle durch mein Fleisch, was an den Leiden Christi noch fehlt, für seinen Leib, das ist die Gemeinde."*

„Was an den Leiden Christi noch fehlt"? Da melden sich doch gleich unsere gut reformatorischen Reflexe: Hat Jesus nicht alles für die Erlösung der Welt am Kreuz vollbracht? Kann da noch etwas fehlen? Muss Jesus weiter leiden? Und selbst wenn wir das bejahen sollten: Was hat Paulus damit zu tun?

Dass Jesus weiter leidet, stellt Er selbst fest. Als Er Saul, den Verfolger der Christen, kurz vor Damaskus durch seine übernatürliche Erscheinung so erschreckt, dass der vom Pferd fällt, spricht Er ihn so an: *„Saul, Saul, was verfolgst du mich?"* (Apostelgeschichte 9,4). Leiden und Verfolgung erleiden ja die Christen durch den radikalen Pharisäer Saul. Aber Jesus leidet mit Seinen Leuten mit. *Er* wird von Saul verfolgt.

Erneut stoßen wir auf die erstaunliche Identifizierung Jesu mit uns, Seinen Jüngern: Wir sind Sein Leib auf dieser Erde. Das wird ausdrücklich ja auch in diesem Vers, in Kolosser 1,24 betont (von eben diesem Saul, mit anderem Namen Paulus). Und das ist nicht nur ein Gleichnis, das ist eine geistliche Wirklichkeit. Jesus hat am Kreuz gelitten; aber nun leidet Er weiter in Seiner weltweiten Gemeinde. Ja, Jesus leidet weiter; aber welche Funktion hat Sein heutiges Leiden?

Keine Sorge: Jesus hat am Kreuz tatsächlich alles Leiden erfüllt, das nötig war, um die Erlösung und Vergebung für die Sünden der Welt zu erringen. Als Er am Kreuz sterbend ausrief „*Es ist vollbracht!*" (Johannes 19,30), da hatte Er wirklich zu 100 Prozent den Preis für unsere Sünden bezahlt. Dem können wir als Christen nichts mehr hinzufügen! Dass Er alles vollbracht hat, gibt uns die tiefe Geborgenheit in Ihm und Seinem Werk.

Aber so wie die Erlösung durch Leiden *erworben* wurde, so muss sie nun durch Leiden *bekanntgemacht* und dadurch *ausgebreitet* werden. So wie Leiden instrumental war für den *Erwerb* der Erlösung, so ist es instrumental für die *Ausbreitung* der Erlösung.

Für diese Ausbreitung des Evangeliums leidet Jesus selbst weiter – aber nun durch Seinen Leib auf dieser Erde, durch Seine Gemeinde. Gott hat ein Maß an Leiden bestimmt, dass bis zur vollständigen Einsammlung Seiner Gemeinde erbracht werden wird. Noch sind diese Leiden nicht gänzlich vollendet. Es „fehlt" selbst heute, fast 2000 Jahre nach den Worten des Paulus, noch etwas „an den Leiden Christi".

Was hat aber Paulus damit zu tun? Wenn er im Dienst für Jesus leidet, dann weiß er: „Ich trage damit zu Gottes Plänen bei, das Evangelium auf der ganzen Welt zu verbreiten und die Gemeinde Jesu zu sammeln. Den Teil dieses Leidenspakets, den ich übernehme, muss nicht ein anderer leisten. Daher mache ich das gerne!" Für mich ist das jetzt verständlich – aber ist nicht die Einstellung des Paulus so weit von meiner eigenen entfernt? Bin ich bereit, mit Freuden einen Teil dieser „Leiden des Christus" zu übernehmen?

Glückselig seid ihr,
wenn sie euch verfolgen!

S *elig sind, die um der Gerechtigkeit willen verfolgt werden; denn ihrer ist das Himmelreich. Selig seid ihr, wenn euch die Menschen um meinetwillen schmähen und verfolgen und allerlei Böses gegen euch reden und dabei lügen. Seid fröhlich und jubelt; es wird euch im Himmel reichlich belohnt werden. Denn ebenso haben sie verfolgt die Propheten, die vor euch gewesen sind.* (Matthäus 5,10-12)

„Selig (glücklich) sind die, die ... verfolgt werden; ... Seid fröhlich und jubelt." Wer leidet, freut sich nicht. Wenn irgend möglich, versucht jeder seelisch gesunde Mensch, Leiden zu vermeiden. Jesus fordert also eine ungeheure Umwertung der allgemein menschlichen Werte, auch der Wertvorstellungen vieler Christen.

Bei einer christlichen Konferenz, an der ich teilnahm, wurde ein Pastor aus dem Sudan gefragt: „Sie leben in einem Land mit Christenverfolgung. Bringen Sie als Pastor nicht Menschen in seelische und körperliche Schwierigkeiten?" Die schlichte, aber sehr herausfordernde Antwort gab der Pastor mit einem strahlenden Gesicht: „Wir wissen, dass wir leiden werden; aber der Himmel ist ein wunderbarer Ort."

Hat der für westliche Ohren etwas naiv klingende Pastor nicht die Worte Jesu viel tiefer verstanden als wir? „Ihr werdet leiden! Aber freut euch! Nicht weil Leiden schön sind, sondern weil im Reich Gottes Belohnungen auf euch warten."

Auf diese Wahrheit weisen uns Christen aus der nichtwestlichen Welt hin. Ajith Fernando, langjähriger Leiter von „Jugend für Christus" in Sri Lanka, hat sein Buch über christlichen Dienst ganz ähnlich betitelt:

„The Call to Joy & Pain": „Der Ruf zu Freude und Schmerzen" (in der deutschen Übersetzung mit dem Titel: „Aus Tränen werden Sterne: Freude und Leid in der Nachfolge Jesu).

Was wir spontan als Widerspruch empfinden, ist in Gottes Wirklichkeit eng miteinander verbunden.

Zeuge und Märtyrer

Im Griechischen, der Sprache des Neuen Testaments, steht für den Begriff „Zeuge" das Wort *martys*. Wenn Jesus Seine Jünger kurz vor Seiner Himmelfahrt auffordert Seine „Zeugen" zu sein, also Seinen Tod und Seine Auferstehung in der ganzen Welt bekannt zu machen, dann steht da im Plural *martyres*. Schon während des Entstehungsprozesses des Neuen Testaments scheint sich die Bedeutung dieses Wortes in Richtung „Blutzeuge", also in Richtung auf „Märtyrer", wie wir das heute verstehen, zu verschieben. In der Offenbarung (Offenbarung 1,5) wird Jesus selbst als der *„treue Zeuge"* bezeichnet. Bei Jesus war ja bekannt, dass Er seinen Zeugendienst bis zur letzten Konsequenz, also bis zum Tod am Kreuz durchzog. Wenn dann gleich im nächsten Kapitel ein Christ aus der westanatolischen Stadt Pergamon mit Namen Antipas als *„mein treuer Zeuge"* bezeichnet wird (Offenbarung 2,13), wird hinzugefügt, dass er „bei euch getötet wurde", dass also auch er „Märtyrer" (*martys*) war als Zeuge in letzter Konsequenz.

Die ultimative Form des Zeugnisses für Jesus ist die Hingabe des eigenen irdischen Lebens. Durch die Märtyrer der Gemeinde Jesu wurde der Botschaft vom ewigen Leben letzte Glaubwürdigkeit verliehen. Ist jeder Christ zum Zeugen Jesu berufen? Ja, das trifft sicher zu. Wird jeder Christ als Märtyrer sterben? Sicher nicht!

Was verbindet dann „Zeuge" und „Märtyrer"? Warum konnte das Wort *martys* schon in der Offenbarung und dann vor allem in der folgenden frühen Kirchengeschichte zum Fachbegriff für solche Christen werden, die ihr Leben für Jesus Christus gaben?

Das war wohl darum möglich, weil es schon bei der Berufung zum „Zeugen" nicht darum ging, nur ab und zu mal „Zeugnis abzulegen", so wie wir das heute verstehen. Der Zeuge hat die ihm aufgetragene Botschaft auszurichten „um jeden Preis", „koste es, was es wolle". Diese Unbedingtheit im Zeugnis für Jesus ist uns allen aufgetragen. „Um jeden Preis" – das kann bedeuten, nicht ernstgenommen zu werden, Außenseiter zu sein, die eigene Heimat zu verlassen, um anderswo Zeuge zu sein. Für einige aber – eben für die Zeugen im tiefsten Sinn, die „Märtyrer" – wird der Preis das eigene Leben sein, das sie aufgeben, weil ihnen der göttliche Auftrag wichtiger ist.

Gott erteilt Redefreiheit

Den Aposteln war verboten worden über Jesus zu reden – bei Androhung von Strafe! Nach heutiger Begrifflichkeit wurde ihre Redefreiheit gezielt eingeschränkt, ihr Recht auf freie Meinungsäußerung und freie Ausübung ihrer Religion verletzt.

Die Gemeinde in Jerusalem beruft eine Gebetsversammlung ein. Wofür beten sie? Etwa so? „Herr, hilf, dass Petrus und Johannes nichts passiert. Bitte, wir brauchen die doch noch!" Nein, stattdessen bitten sie: „Herr, ..., gib deinen Knechten mit allem Freimut zu reden dein Wort" (Apostelgeschichte 4,29). Die Antwort Gottes kommt. Die Beter erleben eine besondere Erfüllung mit dem Heiligen Geist und die Gebetserhörung: Sie „redeten das Wort Gottes mit Freimut" (Apostelgeschichte 4,31).

Also: Eine Regierung hat die Redefreiheit eingeschränkt. Die davon betroffenen Christen aber jammern nicht vor staatlichen Stellen und flehen um eine Abmilderung der Einschränkungen. Sie bitten einfach Gott um „Redefreiheit" – und er erteilt sie ihnen. Daraufhin machen sie einfach mit noch mehr Freude weiter, als habe es die Probleme von Regierungsseite nie gegeben.

Natürlich spricht nichts dagegen, auch durch Lobbyarbeit oder auf juristischem Wege für die Redefreiheit von Christen zu kämpfen; aber lasst uns nicht vergessen: Vor allem brauchen wir, dass Gott uns durch Seinen Geist die innere Freiheit zum Reden verleiht und dass wir sie nutzen zur Weitergabe Seines Wortes. Lasst uns so beten für unsere Glaubensgeschwister, deren Freiheit eingeschränkt, deren Sicherheit bedroht ist: „Herr, lass sie trotz allem treue und mutige Zeugen bleiben. Lass sie Dich nicht verleugnen. Verleihe Du ihnen die Redefreiheit, die keine staatliche Macht aufheben kann!"

Islamische und christliche „Märtyrer"

Zwei junge Christinnen, Anita Grünwald und Rita Stumpp, werden im Jahr 2009 im Jemen entführt und dann ermordet. Sie waren als Praktikantinnen einer deutschen Bibelschule im Sozialeinsatz in diesem streng muslimischen Land.

In deutschen Medien tritt weniger die Empörung über die Morde oder die Betroffenheit über das Leiden in den Vordergrund. Es überwiegt die Kritik an den christlichen Verantwortlichen, die die jungen Frauen in ein riskantes Umfeld schickten. Es gibt sogar Stimmen, die direkt oder andeutungsweise christliche Märtyrer in die Nähe von islamischen Märtyrern rücken. Die Argumentation läuft ungefähr so: Hier wie dort sind Menschen aus religiösem Fanatismus bereit, ihr Leben für ein überirdisches Ziel zu opfern. Fanatismus und Todesbereitschaft hier, Fanatismus und Todesbereitschaft dort – was ist der Unterschied? Jeder Glaube, der einen Absolutheitsanspruch an das Leben seiner Anhänger stellt, wird in der säkular geprägten Gesellschaft als gefährlich und fanatisch wahrgenommen.

Hier sind die islamischen Selbstmordattentäter, die bereit sind, ihr Leben dranzugeben – für das Ziel, möglichst viele anderen Menschen mit sich in den Tod zu reißen, um dadurch den als Feinden wahrgenommenen Menschen einen entscheidenden Schlag zu versetzen. Dort sind christliche Zeugen Jesu, die bereit sind, ihr eigenes Leben einzusetzen und auch dranzugeben – für das Ziel, möglichst vielen Menschen zum Leben zu verhelfen und mit der Maxime, selbst die ausgesprochenen Feinde zu lieben.

Mich erschreckt, dass christliche Märtyrer und islamische Selbstmordattentäter von manchen Menschen in die gleiche Kategorie eingeordnet werden. Was steht dahinter? Die Bereitschaft, das eigene Leben für irgendeinen höheren Wert einzusetzen, ist der derzeitigen westlichen Geisteshaltung so fremd, dass angesichts dieser einen Gemeinsamkeit der himmelweite Unterschied zwischen christlichen und islamischen „Märtyrern" nicht mehr wahrgenommen wird.

Herausforderungen fordern dazu auf, herauszutreten aus lange nicht mehr hinterfragten Denkgewohnheiten. Die Tatsache christlicher Märtyrer schreit auf drastisch hörbare Weise heraus, dass es Werte gibt, für die es sich lohnt zu leben – und auch zu sterben. Wahre Märtyrer für Jesus sind keine Übermenschen; aber sie habe an entscheidenden Abbiegungen ihres Lebens den Willen und die Ehre Gottes über ihre eigene Bequemlichkeit, ja, über ihren eigenen Willen zum Leben gesetzt.

Echte christliche Zeugen reißen nicht andere Menschen mit sich in den Tod. Sie wollen heilen, helfen, retten, Menschen zum Leben führen. Sie nehmen jedoch in Kauf, dass ihr eigenes Leben bei dieser Rettungsaktion angegriffen und sogar beendet werden kann.

Es muss Märtyrer geben!

Im letzten Buch der Bibel ist ein erstaunliches Gespräch wiedergegeben (Offenbarung 6,9-11). Johannes sieht in einer Vision *„die Seelen derer, die umgebracht worden waren um des Wortes Gottes und ihres Zeugnisses willen"*. Er sieht also eine Gruppe von Christen, die auf der Erde zu Märtyrern geworden sind und jetzt in der Gegenwart Gottes leben.

Es geht ihnen sehr gut im Himmel; aber trotzdem sind diese Menschen weiterhin von den Geschehnissen auf der Erde bewegt. Sie kümmern sich nicht nur um ihre persönliche Seligkeit, sondern sehnen sich nach letzter Gerechtigkeit durch das Kommen des Reiches Gottes. Daher wenden sie sich mit einer dringlichen Frage an Gott: *„Herr, du Heiliger und Wahrhaftiger, wie lange richtest du nicht und rächst nicht unser Blut an denen, die auf der Erde wohnen?"* (Offenbarung 6,10).

Nur als Nebenbemerkung möchte ich hier erwähnen, dass der Wunsch nach göttlicher Rache, den die Märtyrer äußern, nicht grundsätzlich falsch und sündig ist. Wir sollen uns gerade deshalb nicht selbst rächen, weil wir gewiss sein können, dass Gott Rache nehmen wird (Römer 12,19) – viel besser, objektiver und gerechter als wir es je tun könnten – an all denen, die Seine Vergebung nicht in Anspruch nehmen.

Die Märtyrer, die sich nach letzter Gerechtigkeit sehnen, bekommen zwar als Zeichen ihrer eigenen Rechtfertigung weiße Gewänder angezogen, die Antwort auf ihr Anliegen wirkt aber auf den ersten Blick nicht sehr befriedigend: *„.... ihnen wurde gesagt, dass sie ruhen müssten noch eine kleine Zeit, bis vollzählig dazukämen ihre Mitknechte und ihre Brüder, die auch noch getötet werden sollten wie sie"* (Offenbarung 6,11). Der allmächtige Herr will, dass noch mehr der auf der Erde lebenden

Nachfolger Jesu ihr Leben für die Sache Gottes hingeben. Eine von Gott bestimmte Anzahl von Christen muss zu Märtyrern werden.

Warum? Eine mögliche Antwort ist die, dass Märtyrer der letzte Beweis für die Glaubwürdigkeit der christlichen Botschaft sind. Sie sind Zeugen für das ewige Leben, das durch Jesus allen Menschen angeboten wird. Wir verkündigen den Menschen die Wahrheit, dass dieses ewige, übernatürliche Leben unendlich höher und wichtiger ist als unser natürliches Leben. Wenn jedoch keiner der Zeugen im Ernstfall ganz praktisch das ewige Leben dem natürlichen Leben vorzieht, wie sollen die Menschen an die Botschaft glauben können?

Unser aller Glaube wird direkt oder indirekt von der Hingabe der Märtyrer gestärkt. Wie oft habe ich in evangelistischen Gesprächen schon darauf hingewiesen, dass die meisten der zwölf Jünger Jesu als Märtyrer starben. Die Behauptung mancher Kritiker, die Jünger Jesu hätten sich die Auferstehung ihres Herrn nur ausgedacht und ihre Mitmenschen betrogen, wird dadurch widerlegt. Betrüger gibt es viele auf der Welt; aber welcher von ihnen ist willens für seinen eigenen Betrug zu sterben? Die Berichte über frühchristliches Martyrium sind millionenfach erzählt und schriftlich weitergegeben worden. Sie wurden durch Bücher und Filme wie „Ben Hur" oder „Quo Vadis" popularisiert. Welcher geistliche Schatz würde der Gemeinde Jesu heute fehlen, hätte sie nicht das Zeugnis der Märtyrer durch die Kirchengeschichte hindurch.

Märtyrer sind Teil von Gottes Plan, damit jeder, der wirklich die Wahrheit sucht, erkennen kann, dass die Botschaft von der Rettung durch Jesus zutiefst glaubwürdig ist.

Deutsche Märtyrer?

Ich bin kein Nationalist. Meine Frau ist Türkin und wir leben seit Langem in der Türkei. Trotzdem machte ich mich bei der Vorbereitung für einen Kurs über „Verfolgung" auf die Suche nach „deutschen Märtyrern". Wenn denn der frühchristliche Theologe Tertullian recht hat, dass „das Blut der Märtyrer Same ist" für das Wachstum der Kirche, dann ist doch die Frage: Ist für eine neue Ernte in Deutschland genug Samen ausgestreut worden? Tertullian könnte irren, aber unser Herr Jesus selbst sagt, dass gerade das Weizenkorn, das in die Erde fällt und stirbt, viel Frucht bringt (Johannes 12,24). Er spricht da von seinem eigenen Tod – aber auch von dem seiner Nachfolger.

Gab es seit Ende des Zweiten Weltkrieges, also in jüngster Zeit, deutsche Christen, die buchstäblich ihr Leben für Jesus drangaben? Ich fand nicht viele, aber ich fand einige – und ihre Zahl scheint in den letzten Jahren zuzunehmen:

Der deutsche Christ Tilmann Geske wurde 2007 im osttürkischen Malatya zusammen mit zwei türkischen Christen um seines Dienstes für Jesus willen ermordet, Rita Stumpp und Anita Grünwald starben 2009 im Jemen. Jahre später wurde auch die damals mit ihnen entführte Familie Sabine und Johannes Hentschel mit ihrem Sohn Simon für tot erklärt. Daniela Beyer wurde 2010 von den Taliban in Afghanistan hingerichtet. Im Jahr 2017 wurde im gleichen Land Simone Beck getötet. Ich war sehr betroffen, als mir ein christlicher Bruder, der selbst lange in Afghanistan gelebt hat, erzählte, wie viele seiner Bekannten dort schon ermordet wurden. Große Berichte gibt es nicht über sie, um den Dienst der anderen Christen in Afghanistan nicht zu gefährden.

Und dann stieß ich noch ganz überraschend auf Katrin Waschk. Diese deutsche Christin hatte in Lüneburg eine jesidische Frau zu Jesus begleitet und sie in ihrem jungen Glauben betreut. Im Januar 2015 ermordete der Ehemann der Jesidin seine eigene Frau und Katrin Waschk.

Vielleicht halten Sie mich für verrückt, wenn ich nach deutschen Märtyrern Ausschau halte. Es möge auch kein Missverständnis aufkommen: Ich sehne mich nicht nach blutigem Märtyrertum. Ich wünsche es auch keinem anderen. Aber ich preise Jesus, dass er in den letzten Jahren einige Christen aus Deutschland der Ehre würdig erachtet hat, Blutzeugen zu sein, Märtyrer, die das ultimative Zeugnis für die Glaubwürdigkeit der Botschaft vom ewigen Leben abgelegt haben.

Weizenkörner sind in die Erde gefallen und gestorben – sie werden nicht allein bleiben und gewiss Frucht bringen. Das ist Hoffnung für Deutschland!

Wozu kommt der Heilige Geist?

Etwas geheimnisvoll und nicht gleich verständlich redet Petrus in seinem ersten Brief (1. Petrus 4,14) über den Heiligen Geist: *„Selig seid ihr, wenn ihr geschmäht werdet um des Namens Christi willen, denn der Geist, der ein Geist der Herrlichkeit und Gottes ist, ruht auf euch."*

In welcher Beziehung stehen laut Petrus das „geschmäht werden", also das Leiden durch böse Wort oder Schlimmeres um der Nachfolge Jesu willen, und der „Geist der Herrlichkeit und Gottes"? Exegeten sehen hier zwei verschiedene Aspekte. Möglicherweise will Petrus auf beide hinweisen. Zum einen: Wenn wir als Christen Gegenwind bekommen und verbal oder sogar physisch angegriffen werden, weil wir uns mit unserem Verhalten und unseren Worten klar zu Christus stellen, dann ist das ein Hinweis darauf, dass tatsächlich der Geist Gottes in uns wohnt. Christus in uns fordert die Menschen zum Widerspruch heraus, und manche reagieren darauf eben mit aggressivem Verhalten.

Natürlich darf diese Argumentation nicht eine bequeme Ausrede für Fehler sein, die wir selbst begangen haben. Petrus warnt gleich im nächsten Vers (1. Petrus 4,15) davor, *„als Mörder oder Dieb oder Übeltäter"* zu leiden. Aber wenn wir wirklich angegriffen werden, weil wir demütig, aber klar, den Willen Gottes erklärt haben, dann sollen wir uns dadurch nicht entmutigen lassen. Angriffe sind kein Signal Gottes, dass wir lieber aufhören sollten. Vielmehr können die negativen Reaktionen von Menschen sogar zeigen, dass wir auf dem richtigen Weg sind, dass „der Geist der Herrlichkeit und Gottes" tatsächlich auf uns ruht. Diese Deutung von Angriffen kann eine Beruhigung für uns sein und uns tiefen Frieden vermitteln.

Mit dem Hinweis auf den Geist Gottes will aber vermutlich Petrus die Christen in Anatolien (interessanterweise leben sämtliche Adressaten seines ersten Briefes in der heutigen Türkei) gleichzeitig gewiss machen, dass diese Kraft des lebendigen Gottes sich an ihnen gerade in Verfolgungssituationen besonders deutlich zeigen wird. Das hatte schon Stephanus, der erste christliche Märtyrer, erlebt.

Die Führer des jüdischen Volkes schrien voll Hass auf ihn ein, weil sie seiner vollmächtigen und überzeugenden Predigt nicht gewachsen waren. Es, zeichnete sich ab, dass sie gegen ihn zur Gewalt greifen würden (Apostelgeschichte 7,54). Gerade in diesem Moment gibt Jesus dem Stephanus durch den heiligen Geist eine Vision von der himmlischen Wirklichkeit. Er sieht, wie Jesus zur rechten Hand Gottes steht (Apostelgeschichte 7,55). Durch den Beistand des Heiligen Geistes kann er dann sogar für die wütenden Männer beten, die ihn mit dicken Steinen zu Tode bringen (Apostelgeschichte 7,60).

Ein anderes Beispiel aus der Apostelgeschichte: Nachdem Petrus und Johannes unter schweren Drohungen auf freien Fuß gesetzt worden sind, beten sie zusammen mit den anderen Christen. Interessanterweise geht es in ihrem Gebet nicht um Bewahrung, sondern um den Mut, weiter offen und mit geistlicher Kraft Zeugen zu sein. In diesem Kontext erfüllt der Geist Gottes die Christen außergewöhnlich stark, und obendrein bebt noch die Erde als Bestätigung für die Gegenwart Gottes (Apostelgeschichte 4,23-31).

Gerne erleben wir Gefühle von Geisterfüllung in großen Gottesdiensten unter mitreißender Anbetungsmusik. Vielfach wird darum gebetet, dass Gott eine „ganz besondere Salbung" gebe. Im Neuen Testament entdecken wir jedoch, dass die Wirkungen des Heiligen Geistes besonders in Verfolgungssituationen auftreten. Nochmal: Die wunderbare Vision von Jesus, der sich von der rechten Seite des Vaters erhebt, um Seinen leidenden und bald sterbenden Zeugen willkommen zu heißen, hat Stephanus empfangen kurz bevor die Steine fliegen und nicht während eines von gefühlvoller Musik untermalten Events inmitten hunderter wohlmeinender Christen.

Der Heilige Geist ist den Jüngern natürlich nicht nur für das Leiden verheißen. Er gibt den Jüngern die Kraft für den Zeugendienst (Apostelgeschichte 1,8). Aber dieser evangelistische Dienst wird eben oft von Leiden begleitet. Der Heilige Geist sorgt dafür, dass die Jünger Jesu auf gerichtliche Anklagen noch die richtigen Worte finden, ja, er selbst wird durch sie reden (Matthäus 10,20), und durch den Geist wird Jesus bis ans Ende der Weltzeit bei all denen sein, die als Zeugen zu allen Völkern hinausgehen (Matthäus 28,18-20).

Leiden für Christus im Westen?

P aulus sagt, dass *„alle, die fromm leben wollen in Christus Jesus, Verfolgung erleiden"* müssen (2. Timotheus 3,12). Was ist nun, wenn wir als Christen in Ländern des Westens *nicht* verfolgt werden? Haben wir etwas falsch gemacht? Ist unser Glauben nicht ernsthaft genug? Ist die Frage, ob wir verfolgt werden, also eine Art Lackmustest für unsere Glaubenshingabe? Ich leide so wenig um meines Glaubens willen. Stimmt da etwas nicht bei mir?

Vielleicht haben wir übersehen, dass aus Gottes Sicht die Gemeinde Jesu Christi der Leib Jesu ist. Und über diesen weltweiten Organismus wird gesagt: *„Wenn ein Glied leidet, leiden alle Glieder mit"* (1. Korinther 12,26). Wenn also heute Christen in Nordkorea, im Iran, in Syrien oder in Eritrea in Arbeitslagern schmachten, ständig auf der Furcht vor Terrorakten leben oder in glühend heiße Gefängnis-Containern gepfercht werden, einfach weil sie sich zu ihrem Glauben an Christus bekennen – dann leidet deine Heimatgemeinde in einer netten europäischen Kleinstadt mit und dann leidest du ganz persönlich mit. Aber du empfindest dieses Leiden nicht, weil du die geistliche Verbundenheit von Christen über Ländergrenzen hinweg nicht im Glauben verinnerlicht hast.

Dann ignoriere diese geistliche Wahrheit einfach nicht mehr! Du leidest mit – und solltest das bewusst und vor allem zielgerichtet auf dich nehmen. Es geht nicht darum, dir selbst irgendwelche besonderen Gefühle des Leidens aufzubürden. Du kannst aber im Glauben Verantwortung für die leidenden Glaubensgeschwister übernehmen: Fang an zu beten! Informiere dich über die Lage der leidenden Glieder am Leibe Jesu! Schreibe einzelnen von ihnen Briefe. Trage mit deinen finanziellen Möglichkeiten dazu bei, das Leiden dieser Geschwister zu lindern.

Zu einer solchen inneren Haltung, die dann auch zur Tat wird, ermutigt der Schreiber des Hebräerbriefs die Christen: *„Denkt an die Gefangenen, als wärt ihr Mitgefangene, und an die Misshandelten, weil ihr auch noch im Leibe lebt"* (Hebräer 13,3).

Trotzdem bleibt die herausfordernde Frage im Raum: Leiden wir als Christen im Westen nur deshalb so wenig, weil wir nicht mehr wagen, anders zu sein und anderes zu sagen als die große Mehrheit der Gesellschaft? Lassen wir uns von dem Bedürfnis bestimmen, akzeptiert, vielleicht sogar gemocht zu werden?

Das wäre gefährlich. Wenn wir nicht in den „kleinen" Herausforderungen in unserem Heimatland anfangen, zu den Wahrheiten und den Anweisungen des Wortes Gottes zu stehen, auch wenn sie im Moment nicht gerne gehört werden – wie können wir dann erwarten, später einmal „mutige Zeugen" für Christus zu sein, wenn die Ausübung des Christseins an sich verboten oder erschwert werden sollte?

Lasst uns jetzt „üben", z.B. indem wir klar zu den biblischen Grundsätzen für die Sexualmoral stehen: Geschlechtsverkehr außerhalb der Ehe ist Sünde! Wir sollten nicht das Finanzamt betrügen und auch Mitchristen vor Betrug im Geschäftsleben warnen. In Liebe, aber auch in großer Klarheit sollen wir dazu stehen, dass Menschen ohne die Erlösung durch Christus tatsächlich auf ewig von Gott und seiner Güte getrennt sein werden. Das ist schrecklich – aber wahr.

Wir können anfangen damit, keine Abstriche von der Wahrheit zu machen. Das mag zu mehr Verfolgung auch in Deutschland führen oder auch nicht. Jedenfalls darf es nicht unser Ziel sein, gemocht zu werden. Es geht darum, Jesus zu gehorchen und für ihn Zeuge/Zeugin zu sein – koste es, was es wolle.

Gott ist im Himmel,
du auf der Erde

Offen gestanden, mir geht alles postmoderne Gehabe schrecklich auf die Nerven. Die Vorstellung, jeder Mensch dürfe, ja müsse, sich seinen Glauben selbst aus verschiedenen zur Verfügung stehenden Bausteinen nach individuellen Bedürfnissen und Vorlieben zusammenbasteln, ist absurd. Es gibt heute Vordenker, die sozusagen einen „modularen Aufbau von Religion" propagieren – und diese Art zu denken, ist in breiten Kreisen der Bevölkerung angekommen. Vor Jahren hörte ich zufällig in einer Berliner Straßenbahn mit, wie eine junge Dame einer anderen eben das zu vermitteln suchte: „Also, mir gefallen bestimmte Dinge am Islam, ein paar auch am Christentum und andere Teile besorge ich mir aus anderen Religionen."

Über die Anmaßung, dem lebendigen Gott vorschreiben zu wollen, wie er denn „zu sein habe" oder „sein dürfe", damit ich bereit bin, an Ihn zu glauben, kann ich mich nur aufregen. Der Theologe Karl Barth hat in der ersten Hälfte des 20. Jahrhunderts neu die Gottheit Gottes betont und dabei öfters auf das alttestamentliche Wort aus Prediger 5,1 Bezug genommen: *„Sei nicht schnell mit deinem Munde und lass dein Herz nicht eilen, etwas zu reden vor Gott; denn Gott ist im Himmel und du auf Erden; darum, lass deiner Worte wenig sein."*

„Gott ist im Himmel, du auf der Erde". Das wurde damals für Barth geradezu zur Zusammenfassung seiner Theologie, in der er den „unendlichen qualitativen Unterschied" zwischen Gott und Mensch betonte.

In dieser Hinsicht täte uns ein bisschen mehr vom frühen Karl Barth gut. Wer sind wir denn, dass wir uns anmaßen, Gott vorzuschreiben, wie Er zu sein und zu handeln habe. Geht es uns noch gut? Genau das war doch die Ursünde im Paradies, dass wir gerne sein wollen *„wie Gott und (selbst) wissen wollen, was gut und böse ist"* (1. Mose 3,5), dass wir die Tendenz haben, die Rollen zu vertauschen, uns nicht an die Grenzen zu halten, die Gott uns gesetzt hat, sondern selbst Gott Grenzen zeigen zu wollen.

Was maßen wir uns an? Wir brauchen wieder „Gottesfurcht" – nicht die lähmende Angst gegenüber einem willkürlichen Tyrannen, aber das tiefe Bewusstsein, dass der lebendige Gott sehr wohl das Recht hat, über unser ewiges Schicksal zu entscheiden, dass Sein Wort über uns das letzte und entscheidende Wort sein wird, das über uns ausgesprochen werden wird.

Lass Gott Gott sein! Gott ist im Himmel, du bist auf der Erde.

Was hat das mit Leiden zu tun? In Bezug auf zwei sehr unterschiedliche Aspekte gehört der Entschluss, Gott Gott sein zu lassen, zum Thema. Zum einen gibt es Leidenserfahrungen in unserem Leben, aber auch in der weltweiten Gemeinde Gottes, die sehr schwer zu verstehen oder zu akzeptieren sind. Wir dürfen fragen, wir dürfen schreien zu unserem Vater im Himmel, wir dürfen darüber reden. Aber irgendwann gibt es den Punkt, wo wir nur noch sagen können: Ja, Du bist Gott! Du hast das Recht, so zu handeln, wie Du handelst. Ich „demütige mich unter die gewaltige Hand Gottes" (1. Petrus 5,6) und lasse mich von Ihm zurechtweisen wie der gerechte Hiob, der nach so vielen biblischen Kapiteln der Diskussion und der Klage schließlich sagen muss: *„Darum spreche ich mich schuldig und tue Buße in Staub und Asche"* (Hiob 42,6).

Zweitens: Jeden „nach seiner Façon selig werden" zu lassen, ist ein praktischer Schutz vor Verfolgung – aber nicht Teil von Gottes Plan zur Rettung der Welt. Wenn wir die Baukastenreligionen um uns herum stillschweigend akzeptieren, werden wir weniger Ärger haben. Wir müssen aber im Auftrag Jesu die Götzen unserer Mitmenschen,

und darunter auch den Götzen der selbstgemachten Religion beim Namen nennen, damit Menschen das Evangelium Jesu erfassen können.
Dafür werden wir mit großer Wahrscheinlichkeit mehr „Schläge" erleiden als bisher – womit wir wieder beim Thema „Verfolgung" wären.

Die größte Gefahr

Der persönliche GAU, der „größte anzunehmende Unfall" scheint in unserem westlichen Wertesystem der Verlust des eigenen Lebens zu sein. Schutz des Lebens hat höchste Priorität. Dass es auch anders gelagerte Wertesysteme gibt, erlebe ich in der Türkei. Die Ehre rangiert für viele Menschen höher als das Leben. Daher finden in der Türkei „Ehrenmorde" statt, in Ländern Ostasiens begehen Menschen, die von großer Scham betroffen sind, Selbstmord. Das „Gesicht zu verlieren" kann als schlimmer empfunden werden, als das Leben zu verlieren.

Worin sieht denn Jesus Christus, dessen Worte unser Wertsystem bestimmen sollten, die größte Bedrohung für uns? Jesus mahnt Seine Jünger: *„Fürchtet euch nicht vor denen, die den Leib töten, doch die Seele nicht töten können; fürchtet vielmehr den, der Leib und Seele in der Hölle verderben kann"* (Matthäus 10,28).

Ich meine, mich erinnern zu können, dass ich als Kind dieses Wort Jesu so verstanden habe, als warne Er vor den bösen Absichten des Satans. Der Kontext macht jedoch ganz klar, dass Jesus Seine Jünger zur Furcht vor dem allmächtigen Gott aufruft. Jesus stellt zwei Furchtalternativen vor seine Freunde: Wir können uns entweder vor Menschen fürchten, die uns bedrohen, oder wir fürchten den lebendigen Gott. Jesus ruft dazu auf: Fürchtet euch vor keinem Menschen, aber fürchtet euch vor Gott!

Von Gottesfurcht wird heute eher selten gesprochen. Ist Gott nicht unser liebender Vater, der nur Gutes für uns will? Ja, es geht in dem Aufruf Jesus auch nicht um panischen Schrecken vor Gott. Es geht nicht um die Angst, die den Menschen lähmt und damit vom Übergang zum rechten Handeln abhält. Es geht aber sehr wohl um die wahrheitsgetreue Einschätzung, wer uns größeren Schaden zufügen kann. Menschen können uns schlimmstenfalls körperlich töten. Gott aber wird tatsächlich alle, die Sein Angebot der Rettung durch Jesus verachten, für ewig *„in die Hölle werfen"* (Lukas 12,5), an einen schrecklichen und ewigen Ort der Gottesferne.

„Fürchtet euch vor Gott" heißt also: Ich erkenne an und lebe mit der Wahrheit, dass letztlich allein das Urteil des lebendigen Gottes über mein Leben zählen wird. Die Bewertung durch Menschen, seien sie auch noch so intelligent, wird über den Tod hinaus bedeutungslos sein. Jesus ruft uns dazu auf, unser Denken und unsere Entscheidungen an dieser Wahrheit auszurichten. Wir wollen anerkennen, dass Gott das Recht hat, die ewigen Urteile über uns zu fällen und auch darum wollen wir uns Ihm jetzt schon nähern.

Also: Die größte Gefahr für Christen ist nicht, das körperliche Leben zu verlieren. Die größte Gefahr besteht darin, nicht ernst zu nehmen, dass Gott der Einzige ist, der uns für ewig wirklich schaden kann.

Vermeidungshaltungen machen krumm

In einer Predigt hörte ich Pfarrer Ulrich Parzany mit gewisser Ironie sagen: „Betet und singt im Hauskreis. Seid vorsichtig, dass ihr niemandem auf die Füße tretet. Tretet nicht öffentlich auf. Dann wird euch nichts passieren!" Dasselbe gilt auch für die Türkei: Wenn Necati, Ugur und Tilmann in Malatya ruhig gewesen wären, wenn sie nicht evangelistisch gewirkt hätten, dann könnten sie vermutlich noch heute glücklich mit ihren Familien leben.

Wir haben nicht die Absicht, die Menschen zu provozieren; aber es darf andererseits auch nicht unser Lebensziel sein, von allen geliebt zu werden. Wir müssen zur Wahrheit stehen, auch wenn das anderen nicht gefällt. Es geht dabei um die Wahrheit der Erlösung durch Jesus, aber auch um die Wahrheit, was Sünde ist und was nicht.

Wir können als Gemeinde ins Schussfeld gewisser Gruppen kommen, einfach weil wir bekennen, dass praktizierte Homosexualität Sünde ist und dass unbußfertige Sünder ewig von Gott getrennt sein werden, wenn wir offen darüber reden, dass bestimmte Formen der Spekulation mit Aktien auch nicht besser als Glücksspiel sind und Geldgier nicht zu Christen passt. Es geht nicht nur um das Zeugnis „Jesus liebt dich", sondern auch um das Zeugnis davon, von welchen Sünden Jesus errettet.

Vermeidungshaltungen sind gefährlich: Wenn uns ein Bein wehtut, neigen wir dazu, nur noch das andere zu benutzen, um dem Schmerz auszuweichen. Als Folge werden wir krumm gehen und noch mehr Schmerzen haben. Vermeidungshaltungen machen auch im geistlichen Leben krumm. Wenn wir den strittigen Themen und dem eindeutigen Bekenntnis zu Jesus aus dem Weg gehen, werden wir langfristig mehr Schmerzen haben, als wenn wir mutig, im Vertrauen zu unserem starken Gott, zur Wahrheit stehen.

Lazarus töten

Wir wissen gut, dass die religiösen Führer des jüdischen Volkes irgendwann beschlossen, Jesus zu töten (Johannes 11,53). Weniger bekannt ist uns, was wir im Johannesevangelium ein paar Verse später lesen: *„Die Hohenpriester beschlossen, auch Lazarus zu töten"* (Johannes 12,10). Was hatte denn der arme Lazarus verbrochen? Was hätte seine Ausschaltung rechtfertigen können?

In Johannes 11 lesen wir vom „Verbrechen" des Lazarus. Der Freund Jesu war an einer Krankheit gestorben. Jesus war zu spät gekommen. Heilen konnte Er ihn nicht mehr – so sahen es jedenfalls Martha und Maria, die beiden Schwestern von Lazarus. Und nun war der Tote bereits seit 4 Tagen im Grab.

Aber dann stellt sich der Sohn Gottes an den Eingang des Felsengrabes, betet vertrauensvoll zu Seinem Vater im Himmel und ruft dann laut: *„Lazarus, komm heraus!"* (11,43). Einen Toten zur Bewegung aufzurufen ist aus menschlichem Blickwinkel widersinnig. Aber wenn Gott befiehlt, dann geschieht etwas. In Seinem Befehl ist die lebensschaffende Kraft enthalten. Und so lesen wir ganz lapidar: *„Und der Verstorbene kam heraus"* (11,44).

Lazarus hatte einfach den Befehl Jesu gehört und war ihm gefolgt – aus dem Tod ins Leben. Hätte er denn dankend ablehnen sollen, weil dieses Wunder die Hohenpriester hätte stören können? Ein absurder Gedanke! Wir wissen noch nicht mal, ob Lazarus überhaupt hätte ablehnen können. Er war dem schöpferischen Ruf Jesu gefolgt, war ins Leben hinausgegangen, und im Folgenden verbrachte er möglichst viel Zeit mit Jesus, saß beim Essen in seiner Nähe – und lebte einfach. Und wenn ihn die Leute fragten, hat er vermutlich immer noch ganz perplex, aber in tiefer Dankbarkeit seine Geschichte erzählt. Das war allerdings den Führern des Volkes zu viel. Gerade in seinem schlichten auferstandenen Dasein war Lazarus ein nicht zu übersehender Wegweiser auf Christus hin.

Weltweit gibt es heute Menschen, die einfach dem Ruf Jesu ins neue, ewige Leben gefolgt sind und nun allein dadurch, dass sie bei Jesus bleiben, als Provokation wahrgenommen und daher verfolgt werden. Was sollen sie denn machen. Jesus hat gerufen, und sie wollen nicht mehr weg von ihm.

Am Beispiel des Lazarus wird auch deutlich, wie abgrundtief böse und verwerflich die Taten der Christenverfolger sind. Da hat der lebendige Gott, den die Hohenpriester sogar zu kennen vorgeben, einen Menschen aus dem Tod ins Leben geholt. Und den scheinbaren Dienern Gottes fällt nichts Besseres ein, als diesen Menschen wieder zu töten. Christenverfolgung ist ein – wenn auch meist unbewusster – direkter Aufstand gegen das Rettungshandeln Gottes. Weh dem, der seine Hand an die Werke Gottes legt!

Der Mantel und die Bücher

Der Apostel Paulus ist geradezu der Prototyp eines verfolgten Christen. Wo er auch hinzieht, um das Evangelium von Jesus zu verkündigen, trifft er auf Widerstand. Er wird verlacht, vertrieben, bedroht, fast zu Tode gesteinigt. Nun befindet er sich in einem Gefängnis Roms und rechnet mit seiner nahen Hinrichtung.

Paulus ist ein Mann Gottes – und trotzdem braucht er als Verfolgter ganz praktische Hilfen von anderen Christen. Er ist nicht zu stolz, seine Bedürfnisse an seinen Mitarbeiter Timotheus zu schreiben: *„Den Mantel, den ich in Troas ließ bei Karpus, bringe mit, wenn du kommst, und die Bücher, besonders die Pergamente"* (2. Timotheus 4,13). In V. 21 ergänzt er noch: *„Beeile dich, vor dem Winter zu kommen."* Gefängnisse waren nicht geheizt. Ohne den Mantel würde er schrecklich frieren müssen. Die „Bücher" sind entweder Rollen biblischer Bücher oder andere gute Literatur. Der Verfolgte sehnt sich nach geistlicher und geistiger Anregung.

Wir erkennen auch, wie wichtig für Paulus die persönlichen Kontakte zu Geschwistern im Glauben sind. Dass Demas ihn *„verlassen und diese Welt lieb gewonnen"* hat (Vers 10), berührt ihn schmerzlich. Vielleicht hat sich Demas vom Glauben entfernt, vielleicht waren ihm auch nur die eigenen Geschäfte wichtiger als die Fürsorge für den Verfolgten.

Lukas hingegen wird erwähnt als der, der bei Paulus bleibt (V. 11). Der christliche Arzt aus Antiochien hatte Paulus schon auf der äußerst anstrengenden und gefährlichen Seereise nach Rom zur Seite gestanden.

Wir haben heute unzählige Möglichkeiten, verfolgten Christen beizustehen, sei es durch Gebet, durch materielle Gaben oder sogar durch

Besuche. Von unserem Einsatz für die Verfolgten kann viel abhängen: Demas steht bis heute mit einer negativen Erwähnung in der Bibel, weil er dem verfolgten Paulus nicht beistand. Lukas wird als treuer Unterstützer genannt. Und Timotheus bleibt in Erinnerung als ein Christ, der ständig zum geistlichen und praktischen Einsatz bereit war.

Was wird wohl rückblickend über uns gesagt werden?

Ein Blick in den Himmel

Viele Situationen von Verfolgung erwecken den Eindruck: Hier sind unaufhaltsame Mächte am Werk. Auch Christen scheinen hilflos der Willkür der Starken und Einflussreichen ausgeliefert zu sein. Ähnlich mag es dem Apostel Johannes gegangen sein, als er sich auf Befehl des römischen Cäsars Domitian auf der ägäischen Gefangeneninsel Patmos befindet. Sicher lebt er auch in Sorge um seine Mitchristen in der römischen Provinz Asia, der heutigen Westtürkei. Die Worte des Cäsars und seiner Gouverneure sind Befehl. Die Machthaber sind Herren über Leben und Tod.

Im Buch der Offenbarung lesen wir, dass Jesus Christus dem Johannes den Blick in eine andere Wirklichkeit eröffnet. Beeindruckend sind die ersten Verse von Kapitel 4. Johannes wird aufgefordert, durch eine offene Tür in den Himmel zu gehen. Durch den Geist Gottes wird das auch möglich. *„Und siehe, ein Thron stand im Himmel"* (Vers 2). Es gibt einen Thron über all den Herrschaftssitzen hier unten. Auf diesem Thron fallen die eigentlichen Entscheidungen. Ausdrücklich fährt Johannes fort: *„... und auf dem Thron saß einer."* Der Thron im Himmel ist nicht verwaist. Gott sitzt dort und regiert. In den folgenden Versen wird dann außerdem beschrieben, wie strahlend schön Gott ist – im Gegensatz zu den vielen tierischen Fratzen, die uns im weiteren Verlauf der Offenbarung noch begegnen werden.

Solch einen „Blick in den Himmel", in die letztgültige Wirklichkeit, hat Gott immer mal wieder Menschen gewährt, so z.B. auch dem Stephanus (Apostelgeschichte 7) kurz bevor er zum Märtyrer wurde. Wir brauchen den „Blick in den Himmel", um nicht von der nur scheinbar letzten Wirklichkeit der Welt um uns herum aufgesaugt zu werden. Besonders brauchen vermutlich verfolgte Christen die Gewissheit, dass der Thron Gottes beständig ist und weit mehr Autorität hat als die Mächtigen, von denen sie gequält werden.

Nun gibt unser Herr nicht ständig visuelle Einblicke in den Himmel. Er hat ja ausdrücklich seinen Jünger Thomas gemahnt: *„Selig sind, die nicht sehen und doch glauben!"* (Johannes 20,29). Trotzdem brauchen wir einen „Blick in den Himmel". Wenn wir jeden Morgen arm, zitternd, aber doch vertrauensvoll in Gottes Wort schauen, dann geben wir Gott die Gelegenheit, unsere beschränkte Sicht von der Wirklichkeit zu erweitern. Dann „sehen" wir, wie die Welt wirklich aufgebaut ist und welche Prioritäten aus Gottes Sicht gelten. Manchmal können wir alleine nichts mehr in der Bibel „finden". Wir brauchen dann Mitchristen, die uns durch Gottes Wort auf die himmlische Sicht aufmerksam machen.

Lasst uns gemeinsam in den Himmel blicken!

Leidet Hasan „um Jesu willen"?

Hasan war ein mir sehr lieb gewordener Bruder aus unserer kleinen Gemeinde in Izmit, einer mittelgroßen Provinzhauptstadt am Ostrand der Metropole Istanbul. Er hatte eine schlimme Vergangenheit, nach eigenem Zeugnis war er ein Gauner und Räuber gewesen. Zu Recht hatte er einige Jahre im Gefängnis verbracht, bevor er im Zuge einer Amnestie wieder auf freien Fuß gelangte. Sein einziges Lebensziel danach war es, seine Ex-Frau umzubringen. Um ihre Wünsche zu befriedigen, hatte er bei Raubüberfällen mitgemacht. Aber während er im Gefängnis war, war sie zu einem anderen Mann gegangen. Nun versuchte er verzweifelt, sie zu finden und ihrem Leben ein Ende zu machen.

Doch dann begegnete Hasan Christus. Für ihn wird die Vergebung durch den Tod Jesu sehr real. Und plötzlich sucht er nicht mehr seine Ex-Frau, sondern er beginnt das Leben in Jesus zu suchen. Weil er kein Geld für den innerstädtischen Bus hat, kommt er monatelang einige Kilometer zu Fuß in unsere kleine Gemeinde. Uns fällt das anfangs gar nicht auf, weil er so leicht und vergnügt in die Kirche kommt. Weil die Last der Vergangenheit vergeben wurde, singt er auf dem langen Fußweg Loblieder.

Nach nur knapp vier Jahren als Christ, in denen wir ihn intensiv kennengelernt haben, kommt die Schreckensmeldung: Hasan wurde verhaftet. Ein ehemaliger Gefängniskumpel hat ihn als Komplizen bei einem Raubüberfall genannt. Obwohl Hasan mir glaubwürdig versichert, damit nichts zu tun gehabt zu haben, wird er zu über zehn Jahren Gefängnis verurteilt. Während der Zeit in den Gefängnissen von Kirklareli und Edirne, im Nordwesten der Türkei, wird Krebs festgestellt.

Nach ungefähr 4 Jahren wird Hasan dann vorzeitig entlassen. Er lebt noch einige Monate – erst bei uns, dann im Krankenhaus. Als Hasans Pastor leite ich nach seinem Tod meine bisher einzige Beerdigung in der Türkei: Seitdem trägt ein Grabstein auf dem protestantischen Friedhof in Feriköy, einem Istanbuler Stadtteil, den durchaus sehr islamischen Namen „Hasan". Hasan hatte vor seinem Tod einen Wunsch geäußert, den ich ihm gerne erfülle. Auf seinem Grabstein steht nun auf Türkisch Psalm 23,4: *„Und wenn ich auch wanderte durchs Tal des Todesschattens, so fürchte ich kein Unglück, denn du bist bei mir; dein Stecken und dein Stab, die trösten mich"* (Schlachter).

Hasan leidet im Gefängnis gerade zu der Zeit, als wir draußen in Izmit unter Formen von Christenverfolgung leiden: Necati wird ermordet, ich bin bedroht und lebe ein Jahr lang mit einem türkischen Polizisten als Bodyguard. Damals denke ich viel nach über die biblischen Aussagen über „Leiden um Christi willen" und den Segen, der dafür verheißen wird.

Hasan ist im Gefängnis, liest dort die Bibel wie nie zuvor, und aus seinen langen Briefen wissen wir, wie mutig er sich zu Jesus bekennt, wie er seine Situation aus der Hand Gottes annimmt und wie Gott ihm tiefe geistliche Erkenntnisse gibt. Leidet Hasan um Jesu willen? Eigentlich ja nicht; er ist nicht wegen seines Einsatzes für Jesus verleumdet und verurteilt worden. Wegen meiner Beschäftigung mit den biblischen Aussagen über Verfolgung von Männern und Frauen Gottes, will ich ja gerade „allgemeines Leiden" und „Leiden um Christi willen" auseinanderhalten.

Aber warum hat der biblische Hiob eigentlich so schrecklich gelitten? War es nicht doch „um seines Glaubens willen" – obwohl dabei der Zusammenhang zwischen Ursache und Wirkung nicht so offensichtlich war wie etwa bei Necatis Märtyrertod? Ja, es ging in dem Gespräch des Satans mit Gott, über das wir in Hiob 1 informiert werden, darum, ob es irgendeinen Menschen gibt, der Gott nicht nur um eigener Vorteile willen liebt. Es ging also letztlich um Hiobs Glauben. Er konnte allerdings nichts wissen von dem geistlichen Hintergrund seiner Leiden – und das muss die Sache noch viel schlimmer gemacht haben. Ich vermute, es wäre viel leichter für ihn gewesen, wenn er offensichtlich um seines Glaubenszeugnisses willen von bösen Menschen bedrängt worden wäre. Aber nun leidet er schrecklich aus für ihn unbekannten Gründen – und muss sich auch noch gut gemeinte, aber dennoch verfehlte theologische Erklärungsversuche seiner Freunde anhören.

Bei Hiob lässt uns Gott wissen, dass er tatsächlich „um Gottes willen", „um seines Glaubens willen" litt. Den genauen Hintergrund von Hasans Leiden kennen wir nicht; aber ich bin gewiss, dass er und viele Christen in ähnlichen Situationen dann „um Jesu willen" leiden und dafür Segen erfahren, wenn sie die sehr unterschiedlichen Situationen von Leiden eben „mit Christus" und „im Blick auf Ihn" erleben.

Wir müssen unsere Leiden nicht einordnen können. Hiob konnte das auch nicht. Aber vielleicht steht dahinter, ähnlich wie bei Hiob, eine tiefe göttliche Geschichte – und sicher sind Gottes Absichten für uns auch dann nichts als gut und liebevoll. Wenn wir das im Leiden durch die Gnade Gottes im Glauben festhalten können, dann ehren wir dadurch Jesus. Und dann wird dieses Leiden, wie und was auch immer die ursprüngliche Ursache dafür war, tatsächlich zum „Leiden um Jesu willen".

Die letzten Strophen

Wenn noch alte Kirchenlieder in deutschen Gemeinden gesungen werden, dann kommen meist nur die ersten drei bis vier Strophen dran. Dadurch kann uns die Tatsache entgehen, dass früher die letzten ein oder zwei Strophen von christlichen Liedern mit großer Regelmäßigkeit von Leid und Tod handelten.

Christen vergangener Jahrhunderte scheinen sich bewusster gewesen zu sein als wir, dass unser Leben endlich ist, dass das eigentliche Ziel, zu dem Gott uns bestimmt hat, nicht dieses vergängliche Leben ist, dass Leiden und Tod zur Erfahrung von Christen gehören. In christlicher Lehre und eben auch in christlichen Liedern auf den Tod hinzuweisen und auf ihn vorzubereiten war damals – so vermute ich jedenfalls – keine fromme Floskel. Diese Christen haben wohl mit der Tatsache unserer Vergänglichkeit realistischer gerechnet.

Hier eine Auswahl solcher Schlussstrophen aus Kirchenliedern, deren erste Verse recht bekannt sind. Manches mag sprachlich fremd wirken auf uns, ist aber inhaltlich hoch aktuell:

Aus *Befiehl du deine Wege* (PAUL GERHARDT):

> *Mach End', o Herr, mach Ende mit aller unsrer Not;*
> *Stärk unsre Füß' und Hände, und lass bis in den Tod*
> *Uns allzeit deiner Pflege und Treu empfohlen sein,*
> *so gehen unsre Wege gewiss zum Himmel ein.*

Aus *Bei dir Jesu will ich bleiben* (PHILIPP SPITTA):

Ja, Herr Jesu, bei Dir bleib ich, so in Freude wie in Leid;
Bei Dir bleib ich, Dir verschreib ich mich für Zeit und Ewigkeit.
Deines Winks bin ich gewärtig, auch des Rufs aus dieser Welt;
Denn der ist zum Sterben fertig, der sich lebend zu Dir hält.

Bleib mir nah auf dieser Erden; bleib auch, wenn mein Tag sich neigt,
Wenn es nun will Abend werden und die Nacht herniedersteigt.
Lege segnend dann die Hände mir aufs müde, schwache Haupt
Und sprich: Kind, hier geht's zu Ende; aber dort lebt, wer hier glaubt.

Aus *Der Herr ist gut, in dessen Dienst wir steh'n* (JOHANN JAKOB RAMBACH):

Der Herr ist gut und bleibt es bis zum Tod.
Wir sollen Ihm in seinen Armen sterben;
Er will uns führen aus der letzten Not
Und alles, was Er hat, uns lassen erben
Und Ruhe geben, wie Er selber ruht.
Der Herr ist gut.

Aus *Der Mond ist aufgegangen* (MATTHIAS CLAUDIUS):

Wollst endlich sonder Grämen
Aus dieser Welt uns nehmen
Durch einen sanften Tod;
Und wenn Du uns genommen,
Lass uns in Himmel kommen.
Du unser Herr und unser Gott!

Aus *Ein feste Burg ist unser Gott* (MARTIN LUTHER):

> *Das Wort sie sollen lassen stahn und kein' Dank dazu haben;*
> *Er ist bei uns wohl auf dem Plan mit seinem Geist und Gaben.*
> *Nehmen sie den Leib, Gut, Ehr, Kind und Weib:*
> *Lass fahren dahin! Sie haben's kein' Gewinn;*
> *Das Reich muss uns doch bleiben.*

Aus *Ich weiß, woran ich glaube* (ERNST MORITZ ARNDT):

> *Drum weiß ich, was ich glaube: ich weiß, was fest besteht*
> *Und in dem Erdenstaube nicht mit als Staub verweht;*
> *Ich weiß, was in dem Grauen des Todes ewig bleibt*
> *Und selbst auf Erdenauen des Himmels Blumen treibt.*

Aus *Jesu, hilf siegen* (JOHANNES HEINRICH SCHRÖDER):

> *Jesu, hilf siegen und lass mir's gelingen,*
> *Dass ich das Zeichen des Sieges erlang,*
> *So will ich ewig dir Lob und Dank singen,*
> *Jesu, mein Heiland, mit frohem Gesang.*
> *Wie wird dein Name da werden gepriesen,*
> *Wo du, o Held, dich so mächtig erwiesen.*

Die Todesrate bei denen, die heute leben, ist ja nicht gesunken. Sie liegt konstant bei 100 Prozent. Kann es sein, dass wir diese Tatsache verdrängt haben und daher selbst in Liedern nicht gerne auf den Tod zu sprechen kommen?

Vorbereitung auf
Leiden um Christi willen?

Sollen wir uns überhaupt vorbereiten darauf, eventuell um Jesu willen zu leiden? Haben wir nicht das Versprechen Jesu, dass der Heilige Geist genau dann, wenn wir es brauchen, die richtigen Worte geben wird (Matthäus 10,19-20)? Das ist eine ernstzunehmende Anfrage. Ich glaube daher auch, dass die Vorbereitung auf Verfolgung im Wesentlichen aus Hinweisen zum christlichen Verhalten und Denken besteht, die auch ganz unabhängig von Verfolgung gelten.

Dazu gehören die geistlichen Disziplinen: Bibelstudium, Gebet, Buße, gereinigte Beziehungen mit anderen Christen und manche andere. Wenn wir mit einer regelmäßigen Zeit von Bibellesen und Gebet erst beginnen wollen, wenn wir als Christen bedrängt werden, dann kann es dafür zu spät sein. Ich halte es für eine Illusion zu glauben, wir würden schon im Glauben wachsen, wenn erstmal „die Verfolgung" kommt. Vielmehr gilt es, „in guten Zeiten" das einzuüben, was uns auch unter Druck durchtragen kann. Der Prophet Daniel fing mit seinen regelmäßigen Gebetszeiten vor dem offenen Fenster Richtung Jerusalem (Daniel 6,11) nicht erst dann an, als der babylonische König öffentliche Gebete per Dekret verbot. Er machte vielmehr einfach weiter das, was er schon längst vorher als gute Gewohnheit hatte: Drei feste tägliche Gebetszeiten an einem bestimmten Ort.

Daniel Waheli (vermutlich ein Pseudonym) berichtet in seinem bewegenden Buch *Freude in Zeiten der Bedrängnis: 12 Prinzipien, Jesus effektiv zu bezeugen - Das Abenteuer einer Familie in Pioniermission.* (VTR, Nürnberg 2014) von seinem persönlichen Erleben als christlicher Mitarbeiter in einem muslimischen Land Afrikas, wo er mit übler Nachrede,

Drohungen und schließlich einer mehrmonatigen Haft konfrontiert wurde. Interessanterweise widmet er den größeren Teil seines Buches einer Zusammenstellung von Charaktereigenschaften und geistlichen Disziplinen, die ein Gemeindegründer in solch einem Umfeld entwickeln sollte.

Waheli hat während seiner Haft zum Beispiel erlebt, wie sehr ihn Bibelstellen gestärkt haben, die er früher einmal auswendig gelernt hatte. Anfangs darf er nämlich im Gefängnis seine Bibel nicht benutzen. Nicht nur das Auswendiglernen von Teilen der Bibel sollte neu entdeckt werden; es geht auch einfach darum, die Worte der Bibel sehr gut zu kennen. Der Geist Gottes wird uns erinnern (Johannes 14,26) an das, was Jesus uns gesagt hat. Erinnert werden kann aber nur an das, was wir zuvor gehört/gelesen/bewegt haben.

Ähnliches gilt für andere geistliche Disziplinen: Wenn wir nicht *vor* der Verfolgung gelernt haben, Unstimmigkeiten zwischen Christen anzusprechen und, falls möglich, auszuräumen, dann wird uns das auch unter Druck nicht zufallen. Es ist eine bekannte Methode von Gegnern der Kirche Jesu Christi, Misstrauen unter Christen zu säen und vorhandene Uneinigkeit zur Schwächung der Kirche auszunutzen.

Wir sollten uns außerdem unserer christlichen Identität gewiss sein, um äußerem Druck widerstehen zu lernen. In der Türkei sind zurzeit gewaltsame Angriffe gegen Christen die Ausnahme. Aber es gibt in großen Teilen der Bevölkerung tief eingewurzelte Vorurteile, die je nach Bedarf häufig auch öffentlich geäußert oder veröffentlicht werden. Gemäß diesen Vorurteilen sind Christen die Feinde des Islam und keine voll verlässlichen Staatsbürger. Wenn ein Muslim Christ wird, dann müssen unlautere Motive im Spiel sein. Entweder diese Person ist sowieso psychisch schwach oder ihr sind materielle Vorteile in Aussicht gestellt worden. Türken, die Christen werden, gelten als Vaterlandsverräter.

Angesichts der konstanten Konfrontation mit solchen negativen Vorurteilen besteht für die Christen die Gefahr, in einer von zwei falschen Weisen zu reagieren: Entweder man zieht sich vor der „bösen Welt" zurück und bildet ein Ghetto, ohne noch wirklich im Gespräch zu sein mit der Gesellschaft – oder man verinnerlicht die Vorwürfe und empfindet sich selbst als minderwertig.

Als Vorbereitung auf Verfolgung sollten wir daher gut wissen, wer wir in und durch Christus sind. Der Erste Petrusbrief ist an Christen adressiert, die sich sehr stark mit Vorurteilen und Verleumdungen konfrontiert sahen. Petrus erinnert sie immer wieder daran, dass sie aus Gottes Sicht „Erwählte" (1,2; 2,4; 2,9), „Kinder" Gottes (1,14) und „lebendige Steine" im geistlichen Tempel (2,4) sind.

Was Gott über uns denkt und sagt, muss unbedingt für uns mehr zählen, als wie die Mehrheit der Gesellschaft uns einschätzt. Diese göttliche „Imprägnierung" gegen den Regen der Mehrheitsmeinung müssen wir uns bewusst aneignen und sie mit einer gewissen „geistlichen Sturheit" zuerst mal in den noch kleinen Herausforderungen der heutigen westlichen Gesellschaft festhalten.

Zu unserer Vorbereitung gehört natürlich auch das, was in allen Kapiteln dieses Buches beabsichtigt wird: Wir müssen lernen, uns Gottes Perspektive auf Verfolgung anzueignen, so wie sie uns in der Bibel vermittelt wird. Es geht dabei nicht nur um einzelne Bibelstellen, sondern um die Gesamtsicht vom Leiden des Messias und seines Volkes, wie es uns schon auf den ersten Seiten der Bibel vermittelt wird. Die bekannte Verheißung über den „Samen der Frau", nämlich den Messias, der den „Samen der Schlange" (den Satan und seine Mächte) zertreten wird (1. Mose 3, 15), sagt in erster Linie den Sieg Jesu voraus. Gleichzeitig wird aber deutlich gemacht, dass der Sieg des Retters durch Leiden hindurch errungen werden wird: Der Samen der Schlange wird Ihn „in die Ferse stechen".

Wenn wir in der Bibel entdecken, wie klar die Propheten und auch Jesus selbst vom Leiden in Seiner Nachfolge gesprochen haben, dann wird die Konfrontation mit der Verfolgung nicht etwas gänzlich Überraschendes sein: Jesus hat Seinen Jüngern nie das „Kleingedruckte" und Schwierige verschwiegen. Wenn massive Angriffe gegen unseren Glauben beginnen, können wir uns nicht beschweren: „Herr, warum hast du uns das nicht vorher gesagt?" Er *hat* es uns vorher gesagt!

Verhalten in Verfolgungssituationen kann nicht nur theoretisch erlernt werden. Als Ergänzung zu solider biblischer Unterweisung zu diesem Thema können daher Lebensbeschreibungen von Menschen, die durch Leiden gingen, äußerst hilfreich sein. Als ich selbst nach Morddrohungen in der Türkei vor der Entscheidung stand, dazubleiben oder zurück nach Deutschland zu gehen, half mir eine Biografie von Dietrich Bonhoeffer. Er bekam das Angebot eines Lehrauftrags in den USA und hätte dadurch der Verfolgung im Nazideutschland ausweichen können. Bonhoeffer wusste aber innerlich, dass er in Deutschland bleiben musste.

Paul Schneider, der Pfarrer aus dem Hunsrück, der selbst im Konzentrationslager nicht aufhörte zu predigen, ist ein weiteres Vorbild, das wir kennen sollten. Es gibt viele gute Bücher, die anschaulich berichten, wie Christen Schreckliches erduldet haben und trotzdem Christus treu blieben.

Und wenn er's nicht tut ... !

Hananja, Mischael und Asarja sind drei junge jüdische Männer, die zusammen mit dem bekannteren Propheten Daniel in einer ersten Gruppe von Verschleppten aus ihrer judäischen Heimat ins ferne Großreich Babylon gebracht worden waren. Sie wurden versklavt, aber aufgrund ihrer Begabung für eine Beamtenkarriere ausgewählt. Dazu gehörte sicher die Teilnahme an vielen staatlichen Zeremonien und Bräuchen, die ihnen als Anbetern des *einen* und wahren Gottes Israels manchmal Bauchschmerzen bereitet haben mögen. Sie konnten nicht verhindern, dass sie jetzt mit heidnischen Namen angeredet wurden: Schadrach, Meschach, Abed-Nego. In diesen Namen sind sogar babylonische Gottheiten enthalten. Die drei jungen Männer werden mit Sicherheit nicht nur in der Sprache der Babylonier, sondern auch in ihrer Kultur und ihrer Religion tiefgehend geschult. Bei Beginn der Ausbildung sind sie vermutlich 12-15 Jahre alt, also eigentlich noch leicht prägbar.

Aber dann kommt nach einigen Jahren des Staatsdienstes die Aufforderung, an einer neuen staatlich verordneten Zeremonie teilzunehmen. Der König hat eine neue, ganz in Gold gehaltene Götter-Statue erstellen lassen. Alle Beamten sollen sich als Zeichen der Loyalität gegenüber dem König und seinen Göttern davor niederwerfen. Damit soll die Einheit des Vielvölkerstaates symbolisiert und gekräftigt werden. Daniels Freunde merken vermutlich sofort: DAS GEHT GAR NICHT!

Durch Nichteinhaltung der Anordnung riskieren sie nicht nur ihre sichere Beamtenstellung, sondern ihr Leben. Aber die Treue zu ihrem Gott steht für sie eindeutig höher auf der Werteskala als die eigene Unversehrtheit. Als ringsum alle anderen gehorsam auf dem Boden liegen, manche voller Hingabe, manche vielleicht zähneknirschend, andere mit einem spöttischen Lächeln – aber sie liegen – da stehen mittendrin, unübersehbar, die drei.

Der Linolschnitt, der diese Szene darstellen soll, hat nach meinem Empfinden Wesentliches getroffen: Die stehen nicht souverän, unangefochten da. Sie müssen sich vielmehr selbst zwingen, auf den Beinen zu bleiben. Und die drei geistlichen Brüder halten sich geradezu aneinander fest, damit sich nicht einer vom Sog der Masse mitziehen lässt.

Es wird viel wohlmeinende Überzeugungsarbeit gelaufen sein; denn sie hatten ja durchaus Freunde: „Du brauchst das ja nur äußerlich mitmachen. Niemand schaut in dein Herz. Euer Gott wird eure Notlage verstehen. Denkt an den großen Einfluss, den ihr für euren Gott und euer Volk am Königshof haben könnt. Wollt ihr das alles aufs Spiel setzen? Es geht doch eigentlich gar nicht um Religion. Es geht nur um den Zusammenhalt der staatlichen Ordnung. Da weiß doch jeder, wie es gemeint ist. Ein bisschen weniger religiöser Fanatismus wird euch die Möglichkeit geben, viel mehr Gutes für Eure Sache zu erreichen."

Für die Drei steht aber fest: Wir ehren den König; aber anbetend niederwerfen können wir uns nur vor dem lebendigen Gott. Als ihnen der König selbst noch einmal eine Chance geben und eine Hintertür öffnen will, folgt ihre bekannte Stellungnahme. Die Aussage der drei Männer ist für mich eine der entscheidenden Bibelstellen für Männer und Frauen Gottes (Daniel 3,16b-18): *„Es ist nicht nötig, dass wir dir darauf antworten. Siehe, unser Gott, den wir verehren, kann uns erretten aus dem glühenden Feuerofen, und auch aus deiner Hand, o König, kann er erretten. Und wenn er's nicht tut, so sollst du dennoch wissen, dass wir deinen Gott nicht ehren und das goldene Bild, das du hast aufrichten lassen, nicht anbeten werden."*

Kein ängstliches Verkriechen, auch keine provozierenden Beleidigungen, nur die ganz schlichte Aussage, dass sie zum einen mit Gottes Macht rechnen; aber zum anderen nicht nur dann Gottes Willen folgen wollen, wenn der sie aus der Gefahr raushaut. Die Aussage offenbart eine erstaunliche Größe des Charakters dieser Männer. Die Angeklagten, deren Leben scheinbar wehrlos in der Hand des Königs liegt, sind in Wirklichkeit die Freien. In den tiefsten Fragen ihres Lebens kann ihnen keiner Vorschriften machen.

Linolschnitt von Johannes Schöne (mit freundlicher Genehmigung).

Ihre Haltung erinnert an die jüdisch-persische Königin Esther, die in einer ähnlich lebensbedrohenden Situation so einfach wie tiefsinnig geäußert hatte: *„Komme ich um, so komme ich um"* (Ester 4,16).

Wir kennen den Ausgang der Geschichte: Gott rettet Schadrach, Meschach und Abed-Nego durch ein aufsehenerregendes Wunder. Der vierte Mann, der neben ihnen im Ofen („Verbrennungsanlage" wäre wohl treffender) zu sehen ist, ist vermutlich eine der Gestalten, in denen sich der Sohn Gottes schon zur Zeit des Alten Testaments zeigt. Aber noch wichtiger als das Wunder ist die innere Einstellung der Bekenner: „Und wenn er's nicht tut ..."

Wo ist die neue Generation von Christen, die gelernt hat, nicht dem Herdentrieb zu folgen und auch nicht aus Angst vor der Macht niederzufallen, die sich nicht von einer fragwürdigen Tendenz betören lässt, wenn irgend möglich *keinen* Anstoß zu erregen? Die drei Männer hatten das zuvor in einer kleineren Herausforderung (Speiseregeln, Daniel 1) gelernt. Ihren an Gottes Befehl ausgerichteten Grundsätzen blieben sie auch angesichts des sicheren schrecklichen Todes durch Verbrennung treu.

Die Treue zu Gott und Seinem Willen hat über allem zu stehen, selbst wenn nicht das Wunder geschieht, dass uns vor dem Letzten bewahrt.

Epilog

Wir folgen Jesus, dem *„Lamm, dass da geschlachtet ist"*. Dieses Lamm ist *„würdig zu nehmen Kraft und Reichtum und Weisheit und Stärke und Ehre und Preis und Lob"* (Offenbarung 5,12). Jesus ist es aber auch wert, dass wir unser Leben für Ihn hingeben. Wenn Er es sagt, dann lohnt es sich, Schaf zu sein und unter die Wölfe zu gehen.

Wenn Er in Macht und großer Herrlichkeit wiederkommt, werden wir jauchzend niederfallen vor Ihm und – erstaunlicherweise – wird Er immer noch *„das Lamm auf dem Thron"* sein. Und dort werden auch Throne sein, auf die sich die setzen, *„die enthauptet waren um des Zeugnisses von Jesus ... willen"* (Offenbarung 20,4).

Und dann wird auch die raubtierhafte Kraft Jesu offenbar werden: Es hat überwunden der Löwe von Juda!

Hilfsaktion Märtyrerkirche

Wir wollen verfolgten Christen helfen und von ihnen lernen ... zur Förderung des Evangeliums!

In mehr als 60 Ländern dieser Welt werden Christen von der Gesellschaft oder staatlichen Stellen bedrängt. Über 200 Millionen Christen sind in Gefahr, verfolgt zu werden. Dennoch wächst Jesu Gemeinde allen Widerständen zum Trotz! Warum? Weil Jesus selbst seine Gemeinde baut. Er sagt: „Ich will meine Gemeinde bauen und alle Mächte der Hölle können ihr nichts anhaben." Der Bau der Gemeinde geht aber durch die Bedrängnis hindurch.

Davon berichtet die Hilfsaktion Märtyrerkirche (HMK). Seit 1969 ist die HMK die Stimme verfolgter Christen in aller Welt. Fast täglich erreichen uns Meldungen von Übergriffen auf unsere Geschwister. Die HMK versucht, schnell und unkompliziert zu helfen. Aktuell unterstützt sie rund 170 Projekte in 50 Ländern.

Die Arbeit geht auf Pfarrer Richard Wurmbrand zurück, der aufgrund seines Glaubens 14 Jahre in rumänischen Gefängnissen inhaftiert war. Seit über 50 Jahren ist die HMK seinem Auftrag verpflichtet.

Aufgaben der HMK

- Die HMK hilft Christen, die aufgrund ihres Bekenntnisses unter akuter Verfolgung und ihren Folgen leiden. Die HMK engagiert sich – in enger Zusammenarbeit mit einheimischen Partnern – u. a. in den Bereichen Soforthilfe, medizinische Hilfe, Kinderhilfe, Rechtsbeistand, Evangelisation und Überlebenshilfe.

- Die HMK unterstützt Christen, die durch tätige Nächstenliebe ihre Mitmenschen und sogar ihre Verfolger zum Glauben an Jesus Christus einladen.

- Die HMK ermutigt verfolgte Christen, indem sie ihnen eine Stimme gibt und ihr Glaubenszeugnis bekannt macht. Es ist der HMK ein Anliegen, dass Menschen in der „westlichen Welt" erfahren, wie sie helfen können. Die HMK ist davon überzeugt, dass Leben und Zeugnis verfolgter Christen den persönlichen Glauben herausfordern und stärken.

Die HMK ist Mitglied der „Württembergische Evangelische Arbeitsgemeinschaft für Weltmission" (WAW) und der „Arbeitsgemeinschaft Evangelikaler Missionen" (AEM).

Die Arbeit der HMK finanziert sich ausschließlich über Spenden. Die HMK hat sich zur Einhaltung anerkannter Spendengrundsätze verpflichtet und trägt das Spenden-Siegel des Deutschen Zentralinstitutes für Soziale Fragen (DZI) und das Spenden-Prüfzertifikat der Deutschen Evangelischen Allianz.

Die HMK gibt monatlich das Magazin „Stimme der Märtyrer" heraus. Dieses Magazin ermutigt und lädt zur Fürbitte und Unterstützung verfolgter Christen ein. Die „Stimme der Märtyrer" und weiteres Material können kostenlos bei der HMK bestellt werden:

Hilfsaktion Märtyrerkirche e.V.

Missionshaus, Steinstraße 5, 35641 Schöffengrund,
Tel. +49 (6445) 61244-0

Büro Süddeutschland

Wiesenstraße 27, 88690 Uhldingen-Mühlhofen
Tel. +49 (7556) 9211-0

Aktuelle Meldungen finden Sie auf
facebook.com/HilfeFuerVerfolgteChristen
www.instagram.com/verfolgtechristen

Gebetsanliegen und mehr finden Sie auf unserer Homepage
www.verfolgte-christen.org

„Kümmert euch um alle,
die wegen ihres Glaubens gefangen sind.
Sorgt für sie wie für euch selbst.
Steht den Christen bei,
die verhört und misshandelt werden."
(Hebräer 13,3)